I0837310

LE TOMBEAU

DE

Théophile Gautier

J. Claye, imprimeur
r. S. Benoit 7. à Paris

THEOPHILE GAUTIER

LE TOMBEAU

DE

Théophile Gautier

PARIS

ALPHONSE LEMERRE, ÉDITEUR

27-29, Passage Choiseul, 27-29

M DCCC LXXIII

AU LECTEUR

HÉOPHILE GAUTIER, *mort le 23 octobre 1872, à Paris, laisse des livres d'une forme achevée et le souvenir d'une vie que le soin de l'Art a remplie tout entière.*

Nous avons eu la pensée de consacrer à la Mémoire de ce Maître un Monument littéraire renouvelé de ces Tombeaux que les Poëtes du XVIe siècle élevaient à leurs Morts illustres.

En des jours lointains, on sera touché sans doute, en feuilletant ce Livre, de voir que tant de Poëtes, Français ou Étrangers, séparés d'habitudes, d'esprit et de langage, se sont réunis pour louer une existence paisible et une Œuvre exemplaire.

ALPHONSE LEMERRE.

LE TOMBEAU

DE

Théophile Gautier

A THÉOPHILE GAUTIER

Ami, poëte, esprit, tu fuis notre nuit noire.
Tu sors de nos rumeurs pour entrer dans la gloire;
Et désormais ton nom rayonne aux purs sommets.
Moi qui t'ai connu jeune et beau, moi qui t'aimais,
Moi qui, plus d'une fois, dans nos altiers coups d'aile,
Éperdu, m'appuyais sur ton âme fidèle,
Moi, blanchi par les jours sur ma tête neigeant,
Je me souviens des temps écoulés, et, songeant

A ce jeune passé qui vit nos deux aurores,
A la lutte, à l'orage, aux arènes sonores,
A l'art nouveau qui s'offre, au peuple criant Oui,
J'écoute ce grand vent sublime évanoui.

Fils de la Grèce antique et de la jeune France,
Ton fier respect des morts fut rempli d'espérance;
Jamais tu ne fermas les yeux à l'avenir.
Mage à Thèbes, druide au pied du noir menhir,
Flamine aux bords du Tibre, et brahme aux bords du Gange,
Mettant sur l'arc du dieu la flèche de l'archange,
D'Achille et de Roland hantant les deux chevets,
Forgeur mystérieux et puissant, tu savais
Tordre tous les rayons dans une seule flamme;
Le couchant rencontrait l'aurore dans ton âme;
Hier croisait Demain dans ton fécond cerveau;
Tu sacrais le vieil art, aïeul de l'art nouveau;
Tu comprenais qu'il faut, lorsqu'une âme inconnue
Parle au peuple, envolée en éclairs dans la nue,
L'écouter, l'accepter, l'aimer, ouvrir les cœurs;
Calme, tu dédaignais l'effort vil des moqueurs
Écumant sur Eschyle et bavant sur Shakspeare;
Tu savais que ce siècle a son air qu'il respire,
Et que, l'art ne marchant qu'en se transfigurant,
C'est embellir le beau que d'y joindre le grand.
Et l'on t'a vu pousser d'illustres cris de joie
Quand le drame a saisi Paris comme une proie,
Quand l'antique hiver fut chassé par Floréal,
Quand l'astre inattendu du moderne idéal

Est venu tout à coup, dans le ciel qui s'embrase,
Luire, et quand l'Hippogriffe a relayé Pégase!

* * *

Je te salue au seuil sévère du tombeau.
Va chercher le vrai, toi qui sus trouver le beau.
Monte l'âpre escalier. Du haut des sombres marches,
Du noir pont de l'abîme on entrevoit les arches;
Va! meurs! la dernière heure est le dernier degré.
Pars, aigle, tu vas voir des gouffres à ton gré :
Tu vas voir l'absolu, le réel, le sublime.
Tu vas sentir le vent sinistre de la cime
Et l'éblouissement du prodige éternel.
Ton olympe, tu vas le voir du haut du ciel,
Tu vas, du haut du vrai, voir l'humaine chimère,
Même celle de Job, même celle d'Homère,
Ame, et du haut de Dieu tu vas voir Jehovah.
Monte, esprit! Grandis, plane, ouvre tes ailes, va!

Lorsqu'un vivant nous quitte, ému, je le contemple;
Car, entrer dans la mort, c'est entrer dans le temple;
Et quand un homme meurt, je vois distinctement
Dans son ascension mon propre avénement.
Ami, je sens du sort la sombre plénitude;
J'ai commencé la mort par de la solitude,
Je vois mon profond soir vaguement s'étoiler.
Voici l'heure où je vais, aussi moi, m'en aller.
Mon fil trop long frissonne et touche presque au glaive;

Le vent qui t'emporta doucement me soulève,
Et je vais suivre ceux qui m'aimaient, moi banni.
Leur œil fixe m'attire au fond de l'infini.
J'y cours. Ne fermez pas la porte funéraire.

Passons, car c'est la loi; nul ne peut s'y soustraire;
Tout penche; et ce grand siècle avec tous ses rayons
Entre en cette ombre immense où, pâles, nous fuyons.
Oh! quel farouche bruit font dans le crépuscule
Les chênes qu'on abat pour le bûcher d'Hercule!
Les chevaux de la Mort se mettent à hennir,
Et sont joyeux, car l'âge éclatant va finir;
Ce siècle altier qui sut dompter le vent contraire
Expire... — O Gautier, toi, leur égal et leur frère,
Tu pars après Dumas, Lamartine et Musset.
L'onde antique est tarie où l'on rajeunissait;
Comme il n'est plus de Styx il n'est plus de Jouvence.
Le dur faucheur avec sa large lame avance
Pensif et pas à pas vers le reste du blé;
C'est mon tour; et la nuit emplit mon œil troublé
Qui, devinant, hélas, l'avenir des colombes,
Pleure sur des berceaux et sourit à des tombes.

VICTOR HUGO.

Hauteville-house. nov. 1872. Jour des Morts.

LA NATURE CHEZ ELLE

Théophile Gautier, poëte
Au vers éclatant et serein,
Sut trouver la forme parfaite
Qui gît dans l'or et dans l'airain.

Certe, il sut comment on travaille
Un métal rebelle, et comment
Le dur diamant ne se taille
Qu'avec un autre diamant.

Il fit tressaillir, ô lyrisme !
Un clavier fait de pur cristal
Et dont chaque touche est un prisme
Où luit son rêve oriental.

La ligne et la couleur du Verbe
Vivent dans son rhythme sacré,
Et c'est un poëte superbe
Maîtrisant la Forme à son gré !

Si bien qu'ayant dépeint les choses
Dont le contour fixe les yeux,
Il voulut des métamorphoses
Demander le secret aux Dieux.

Il voulut dans la forêt sombre
Où le vieux Dante s'égarait
Entrer, et questionnant l'ombre,
Apprendre ton rêve, ô forêt!

Curieux, il voulut entendre,
Quand ils chantent seuls, les oiseaux,
Et, sous l'azur changeant, surprendre
La vie errante au fond des eaux;

Il entra dans la solitude
Qui ne dérangea même pas
Sa mystérieuse attitude
Au bruit reconnu de son pas.

L'arbre dit au chevreuil farouche :
« Tu peux rester : c'est un ami... »
La dryade, un doigt sur la bouche,
Lui montra le faune endormi.

Il vit la nature chez elle.
Il fut attentif à ces bruits
Qui, dans la vie universelle,
Se mêlent au charme des nuits.

De mille êtres furtifs et vagues
Il resta longtemps le témoin ;
Il écouta comme des vagues
Les branches se bercer au loin;

Et, dédaigneux des impossibles,
Calme et sûr, il vint aux vivants
Dire les choses indicibles
Que la forêt confie aux vents!

JEAN AICARD.

PIERROT

SUR LA TOMBE DE TH. GAUTIER

APPORTE SON HOMMAGE FUNÈBRE

Lorsque la dalle fut scellée,
Et lorsque le dernier ami
Eut quitté la funèbre allée
Où rêve le maître endormi,

Un rayon neigea sur les branches;
Et Pierrot, drapé d'un rideau,
Parut entre les tombes blanches,
Blanc et fluet comme un jet d'eau.

Aussi désespérément blême
Qu'aux jours où, posthume et muet,
Son fantôme en deuil de lui-même
A n'être plus s'habituait,

Il ne parla pas; mais son geste
Exprimait un amer souci;
Un bouquet, blanc comme le reste,
Tremblait à ses doigts blancs aussi;

Et son expressive mimique
Avec les poses de rigueur,
Disait, lamentable et comique,
Les tristesses de son grand cœur.

Soudain, étrange phénomène!
Dans ce masque égoïste et blanc
Se lut toute l'angoisse humaine.
Une larme claire, en tremblant,

Des cils à la fine narine
Tomba sans secousse, et de là
Sur le col poudré de farine
Pour la première fois roula.

Or, dans les cieux, une par une,
Les étoiles ouvraient leurs yeux,
Et Pierrot pleurait, et la lune
Versait des pleurs silencieux.

PAUL ARÈNE.

THÉOPHILE GAUTIER

CRITIQUE DRAMATIQUE

C'était dans le théâtre où triomphe Clairville,
Où Koning se révèle, où fleurit Siraudin,
Entre le côté cour et le côté jardin.
On jouait je ne sais quel pauvre vaudeville,

Et, parmi les écarts d'une prose incivile
Que n'aurait pas osé faire Monsieur Jourdain,
Au grand esbattement d'un public très-mondain,
Les calembourgs salés partaient en feux de file.

Comme un bonze, enfoui dans sa stalle, Gautier,
L'œil vague, paraissait absorbé tout entier
Par la péripétie en surprises féconde;

Mais, moi, je l'entendis se redire à mi-voix
Ce vers mélancolique et qu'il fit autrefois :
« Sommeil, dieu triste et doux, consolateur du monde! »

ARMAND D'ARTOIS.

LA COUMÈDI DE LA MORT

De la Mort, coume Dante, as escri la coumèdi,
La coumèdi divino, estranjo ; e sèns remors,
De la Vido amourous, calignères la Mort
E, vivènt, dins lou cros faguères toun acèdi.

E tant que vers la masco ansin trouvères crèdi
En paupant d'uno man soun pitre sènso cor,
De l'autro as caressa la Bèuta puro, amor
Que de tout la Bèuta nous sèmblo lou remèdi.

N'a jamai óublida que i'aviés fa la court ;
T'a 'spera cinquanto an, la terriblo mestresso.
Un vèspre de malur, sus soun chivau que cour

Arribo à toun oustau... ni glòri ni tendresso
L'arreston : « Eilavau ta Coumèdi es apresso,
Lou ridèu es tira, vène, qu'es à toun tour ! »

TEODOR AUBANEL

A THÉOPHILE GAUTIER

Quand, aux beaux jours passés de la jeunesse folle,
En costume galant tu sortais le matin;
Quand tu portais la fraise et la cape espagnole,
Avec tes longs cheveux tombant sur le satin;

La dague au poing, le pied dans une botte molle,
Quand, à peine affranchi du grec et du latin,
Tu cassais à grand bruit les vitres de l'école,
Et riais de Boileau comme d'un Philistin;

Fier comme un paladin et joyeux comme un page,
Aux beaux soirs d'Hernani quand tu faisais tapage,
Quand le mot de *classique* inspirait ton effroi;

Tu ne te doutais pas qu'un jour tu devais l'être;
Car si ce mot veut dire un modèle, un vrai maître,
Tu seras, cher Gautier, classique malgré toi!

J. AUTRAN.

LES MUSES AU TOMBEAU

Près de la pierre close
Sous laquelle repose
Théophile Gautier
(Non tout entier,

Car par son œuvre altière
Ce dompteur de matière
Est comme auparavant,
Toujours vivant,)

Regardant cette tombe
De leurs yeux de colombe,
Les Muses vont pleurant
Et soupirant.

Toutes se plaignent, celle
Dont l'œil sombre étincelle
Et qui réveille encor
Le clairon d'or;

Celle que le délire
Effréné de la Lyre
Livre aux yeux arrogants
Des ouragans ;

Celle qui rend docile
La flûte de Sicile,
Et tire du roseau
Des chants d'oiseau ;

Celle qui, dans son rêve
Farouche, porte un glaive
Frissonnant sur son flanc
Taché de sang ;

Et celle qui se joue,
Et, pour orner sa joue,
Prend aux coteaux voisins
Les noirs raisins ;

Et la plus intrépide,
La Nymphe au pied rapide,
Celle qui, sur les monts
Où nous l'aimons,

Par sa grâce savante
Fait voir, Chanson vivante,
Tous les Rhythmes dansants
Et bondissants !

Oui, toutes se lamentent
Et pieusement chantent
Dans l'ombre où leur ami
S'est endormi.

Car il n'en est pas une
Qui n'ait eu la fortune
D'obtenir à son tour
Son fier amour;

Pas une qu'en sa vie
Il n'ait prise et ravie
Par un chant immortel
Empli de ciel!

Ses pas foulaient ta cime,
Mont neigeux et sublime
Où nul dieu sans effroi
Ne passe, et toi,

Fontaine violette,
Il a vu, ce poëte,
Errer dans tes ravins
Les chœurs divins!

Et toi, monstre qui passes
A travers les espaces,
Usant ton sabot sur
Les cieux d'azur,

Cheval aux ailes blanches
Comme les avalanches!
Tu prenais ton vol, l'œil
  Ivre d'orgueil,

Quand sa main blanche et nue
T'empoignait sous la nue,
Ainsi que tu le veux,
  Par les cheveux.

Mais, ô déesses pures,
Ornez vos chevelures
De couronnes de fleurs;
  Séchez vos pleurs!

Car le divin poëte
Que votre voix regrette
Va sortir du tombeau,
  Joyeux et beau.

Les Odes qu'il fit naître
Lui redonneront l'être
A leur tour, et feront
  Croître à son front

Victorieux de l'ombre,
L'illustre laurier sombre
Que rien ne peut faner
  Ni profaner.

Toujours, parmi les hommes,
Sur la terre où nous sommes
Il restera vivant,
    Maître savant

De l'Ode cadencée,
Et sa noble pensée
Que notre âge adora,
    Joyeuse, aura,

Pour voler sur les lèvres
Que brûleront les fièvres
De notre humanité,
    L'éternité!

THÉODORE DE BANVILLE.

Jeudi 7 novembre 1872.

RESSOUVENIR

O toi, Gautier! sage parmi les sages
Aux regards éblouis,
Toi, dont l'esprit vécut dans tous les âges
Et dans tous les pays,

Tu fus surtout un Grec, et tu contemples
De tes yeux immortels
Les purs profils harmonieux des temples
Dans les bleus archipels.

Tu les aimas, les doux porteurs de glaive
Plus forts que la douleur,
Et dans le rêve où bouillonnait la séve
De ta pensée en fleur,

Tu fus rapsode, et pour charmer les heures
Chez les rois étrangers,
Tu leur chantas dans les hautes demeures
Achille aux pieds légers.

Tu modelas auprès de Polyclète,
Car tu n'ignorais rien,
Et tu sculptais des figures d'athlète
Avec ce Dorien.

Sur les gazons où rit la marguerite,
Des Dieux même enviés,
Ta claire enfance apprit de Théocrite
Les chansons des bouviers.

Avec Pindare aimant la sainte règle,
Aux oiseleurs pareil,
Tu fis monter les Odes au vol d'aigle
Vers le rouge soleil,

Et tu raillas avec Aristophane,
Par des mots odieux,
Le philosophe indocile et profane,
Vil contempteur des Dieux.

Et maintenant qu'avec des pleurs moroses,
Tristes, nous nous plaignons,
Tu reconnais sous les grands lauriers-roses
Tes anciens compagnons.

Pour que ta lèvre enfin se rassasie,
Dans le festin charmant,
Au milieu d'eux, tu goûtes l'ambroisie
En causant longuement.

Auprès de toi le riant paysage
Est fait comme tu veux,
Et tu souris à côté de la sage
Hélène aux beaux cheveux,

Qui déchaîna l'effroyable désastre
Des guerriers et des rois,
Et sa beauté resplendissante d'Astre,
A présent, tu la vois !

THÉODORE DE BANVILLE.

NEUE LEGENDE

Der Herr der ewigen Schaaren
Sitzt hoch auf goldenem Thron;
Vereint, harmonisch, in Paaren,
Umstehen ihn Vater und Sohn.

Der einst Homeros auf Erden
Hælt Beethoven an der Hand;
Shakespaere, Angelo, sie werden
Mit *einem* Namen genannt.

Umhüllt mit *einem* Gewande,
An Raphael, Mozart sich lehnt;
Sie fesseln heilige Bande
Der Seelen, die laengst sich ersehnt.

Dicht bei da Vinci steht Dante,
Verklært! er læchelt jetzt oft,
Dass er einst, der Gottesgesandte,
Menschen zu bessern gehofft.

Was je sich auf Erden geahnet,
Was geistig im Innern verwandt,
Dran unklar, doch glühend gemahnet,
Sich freudig, sich jauchzend hier fand.

Wer zæhlte die einigen Geister,
Die weilen im himmlischen Haus?
Wie jauchzend sie preisen den Meister,
Den Anblick, wer hielte ihn aus?

Nur einer ist einsam, verlassen,
Steht düster in Gram er gehüllt;
Betrachtet voll Sehnsucht die Massen,
Das Auge mit Thrænen gefüllt.

Denn nur dem Geiste dem gleichen,
Gesellt sich der gleiche zu;
Armer Cellini! erreichen
Musst noch den Brudergeist du.

Einst trat mit fragenden Worten
Der Herr auf ihn zu : « Cellin,
« Wer weilte an himmlischen Orten,
« Mit gramumdüstertem Sinn?

« Ist Himmel ein Erden geworden?
« Drang trostlose Trauer hier ein?
« Was thæte die Freude dir morden?
« Was schafft dir so arge Pein? »

— Herr mœgest in Gnaden gedenken
« Der Zeit, als du heischtest von mir,
« Der Erde auf Kurzem zu schenken
« Den Sohn, ihr zur ewigen Zier.

« Ich that es, wie's alle einst thaten,
« Die wiedergeeinigt ich seh';
« Verjüngt, aus geistigen Saaten,
« Erstand mein geliebter Gautier.

« Ruhmvoll setzt fort er auf Erden,
« Was ahnend ich einstens begann;
« Krone und Lorbeer, sie werden
« Gereicht dem erhabenen Mann!

« Du siehst es oh Hernscher! nicht mehren
« Kann Ruhm sich, den er dort fand,
« Doch schmerzlich muss ich ihn entbehren,
« Der einst mir zur Seite stand.

« So gieb ihm was alle hier fanden :
« Unsterblichkeit! Würdiger Lohn!
« Mach frei ihn von irdischen Banden —
« Vereine uns, Vater und Sohn. »

Der Herr, mit gnæd'ger Geberde,
Winkt rasch einem Engel, hehr!
« Eile hinunter zur Erde,
« Erfülle Cellini's Begehr. »

Der fæhrt wie Blitz, in die sieche,
Erbarmende Menschengruft,
Zertheilend die Modergerüche,
Mit Balsamisch würzigem Duft.

Vor einem der traurigen Græber,
Stolz « Hæuser » auf Erden genannt,
Hælt an der gesandte Beleber,
Der wohl mi dem Orte bekannt.

Eintritt er, Helle verdrænget
Das Dunkel, das schwærzet den Raum;
Gautier schlæft drinnen beenget,
Er træumet den irdischen Traum.

Ahnt er die himmlische Næhe?
Fühlt frei sich, leichter die Brust?
Læchelnd, als ob er ihn sæhe,
Bebt Wang' ihm und Auge, vor Lust.

Der Engel betrachtet ihn lange,
Nickt holde dann, als wie zum Gruss,
Berührt ihm die Stirne, die bange,
Und küssst ihn mit zærtlichem Kuss.

Aufthut sich die ewige Pforte,
Hervor tritt Gautier, stolz und kühn!
Schon kennt er die himmlischen Orte,
Stellt dicht zu Cellini sich hin. —

* * *

Drum gaben an jenem Morgen
Wir Mutter Erde zurück,
Was sie dem Geiste that borgen :
Die Hülle, — mit thrænendem Blick.

Und schauten, von Wehmuth ergriffen,
Zur traurigen Sonne empor,
Die unsere Schmerzen begriffen,
Sich einhüllt in nebligem Flor.

Oh Sonne! acht' nicht unsrer Qualen,
Steig auf in die lachende Hœh!
Vor Freude musst du jetzt strahlen,
Du hast unsern Dichter Gautier!

LUDWIG BENEDICTUS.

L'ENSEVELISSEMENT

Des gens en blouse, doux et forts,
Sont venus apporter la bière.
Elle est moins mesurée au corps
Qu'à son volume de poussière.

Mais que le chêne en est épais!
Au festin des vers quelle table!
Qui donc prétend qu'on dort en paix
Dans cette boîte épouvantable?

Est-ce là pour l'éternité
Dans ce coffre étouffant et sombre
Que ce grand chasseur de clarté
Sera couché, dévoré d'ombre?

Lui, qui dans l'épaisseur des nuits
Submergé de terreurs funèbres,
Comme un aigle au profond d'un puits
Disputait son rêve aux ténèbres.

Pour la première fois qu'il dort
En soixante ans de vie humaine,
Il a bien le droit d'être mort
Sans qu'on le cloue et qu'on l'emmène!

Comme son beau front de héros
Fait face au ciel et le défie!
Il a les blancheurs du paros
Et semble refléter sa vie!

Pareille à du granit soyeux,
Sa barbe a des reflets d'aurore
Et sa bouche est moulée encore
Sur un sourire de ses yeux;

Ainsi qu'en ses fières estampes
Qui nous le rendaient à vingt ans,
Ses cheveux bouclés et flottants
Naissent en gerbes de ses tempes,

Et, séparés par le milieu,
Ils marquent déjà le sillage
De l'aile qui remporte à Dieu
Cette âme éprise de voyage.

A quel dieu ce front raffermi
Ne fait-il pas encore envie?
Est-ce un mort que cet endormi
Qui se réveille de la vie?

Que veut donc ce cercueil béant?
Et son vainqueur, qui le lui livre?
Qui jette en pâture au néant
Celui que la Mort laisse vivre?

Vain combat! Nous ne verrons plus
Cette face pâle et superbe,
Qui déjà défiait le Verbe
Dans le langage des Élus!

Voilé! — Le drap encore ondoie!
De la tête aux pieds un sillon
Blanc se creuse! Le papillon
Est clos dans son cocon de soie! —

Ils le soulèvent doucement
Et, comme un glaive dans sa gaîne,
Le glissent dans ce vêtement
Tissu des fibres d'un vieux chêne,

D'un vieux chêne fort comme lui,
Comme lui frappé dans sa force
Et dépouillé de son écorce
Ainsi que lui de son ennui!

Et quand dans une étreinte brève
Cette tête a heurté ce bois,
Crâne sans vie et bois sans séve
Ont sonné le vide à la fois.

Sous ce crâne de leurs mains froides
Ils ont mis un oreiller blanc;
De chaque côté, sur le flanc,
Ils ont ramené ses bras roides.

O Mort, contemple ton soldat,
Sur les rangs et dans la tenue!
Attendant la grande Revue
Et le clairon de Josaphat!

Sur la poitrine qu'il consacre
Un chapelet aux grains rivés
Épand de sa grappe de nacre
Le vin mystique des avés.

Et, dernier présent d'une année
Qui meurt, elle! pour refleurir,
Une rose blanche et fanée
Cherche son cœur pour y mourir!... —

Et c'est tout! l'horreur est gravie!
Sur ce front deux fois dérobé,
Porte suprême de la vie,
L'épais couvercle est retombé. —

ÉMILE BERGERAT.

24 octobre 1872.

SOUVENIR

DU VINGT-CINQ OCTOBRE

. . . Maladie de cœur, la maladie de ceux dont le génie palpite dans l'âme.

LAMARTINE.

Et chacun s'arrêtait, tous étaient attendris;
Et ces longs boulevards autour du grand Paris,
Si déserts d'habitude et d'aspect monotone,
Étaient, par ce jour gris et ce matin d'automne,
Vivants de tout un peuple ému qui saluait;
Et de tous les côtés une foule affluait,
Et le passant disait se découvrant la tête :
C'est plus qu'un grand, c'est plus qu'un roi, c'est un poëte!

Et recouvert de fleurs, pas à pas, lentement,
Le char allait à ce repos : l'enterrement!

C'est un poëte! ô perte irréparable et sombre!
Dans ce monde si trouble, hélas! encore une ombre!
O dernier soleil pâle, ô derniers chants des bois,
Faites-lui vos adieux pour la dernière fois!
C'est un poëte! ô nuit après tant de lumière!
O silence après tant d'allégresse première,
Tant d'admirable azur. tant d'essor à pleins cieux,

Eblouissements d'âme, enchantements des yeux,
Sérénades, chansons, paysages, féeries,
Et tant de gaieté simple et tant de causeries!
En ce temps si lugubre et noir où nous vivons,
Ce temps sans idéal, sans brises, sans rayons,
Où l'œil humain hésite, où la raison se voile,
Où dans le ciel fermé ne luit pas une étoile,
C'est un deuil plus profond que tous ceux qu'on rêva
Qu'une âme de poëte accablé qui s'en va!

O vous les doux et fiers, assembleurs de nuages,
Vous, habitants du rêve, ô vous les fous et sages,
Qui dans ce monde laid épris de l'oripeau
Contents de n'être rien restez prêtres du beau,
Et laissant s'agiter les passions nouvelles
Demeurez serviteurs des choses éternelles,
Ne rapportant jamais des marchés d'ici-bas
Que l'âpre amour de tout ce qu'on n'y trouve pas
La liberté, la paix, la dignité, l'étude,
Et ce gain sans pareil : l'or de la Solitude !
O désintéressés, incurables songeurs,
Ouvriers d'idéal, artistes, voyageurs,
A cette âme lassée et qui nous abandonne
Portez votre tendresse avec votre couronne !

O dernier soleil pâle, ô derniers chants des bois,
Faites-lui vos adieux pour la dernière fois!

A. M. BLANCHECOTTE.

STANCES

Fils d'un siècle énervé qui de mélancolie
Pleurait, comme un automne où meurt le son du cor,
Il fit hardiment boire à la France pâlie
Un grand coup de vin pur dans une coupe d'or.

Il fut superbement triste, étant né poëte;
Et dans le prosaïque exil des feuilletons,
Tel qu'Apollon paissant les troupeaux chez Admète,
Dieu des hauts firmaments, il parqua les moutons.

En lui s'enflait un hymne à la beauté du monde!
Des sentiments amers sa Muse, en triomphant,
Sortait, comme des flots salés la Vénus blonde,
Et l'Amour la suivait, comme un aveugle enfant.

Lumineux, chaud, fécond, plus que la clarté même,
Vainqueur des ouragans, de l'ombre et des hivers,
Intarissable éclat, sérénité suprême,
Il ensoleillait tout dans ce morne univers.

La Mort, chauffant son vieux squelette en cette flamme,
Vivait, se transformait, et splendeur sans défauts,
Jeune déesse aussi coquette qu'une femme,
En riant se mirait dans l'acier de sa faux.

Ce n'était plus la Mort ; — la Proserpine antique,
La cueilleuse de fleurs, qu'un Dieu sombre entraîna,
Semblait ressuscitée, et du laurier mystique
Couronnait le poëte au doux vallon d'Enna.

ÉMILE BLÉMONT.

SONNET

Beauteous as Venuses emerging fresh
From the calm lymph, wherein they lurk all lone,
Some thoughts there be, inadequately shown
Except in Song their beauty we enflesh;

And such the sweet symphonious thoughts which press
Round thee, great Théo, whom unknown I've known,
And loved most lovingly, whose faintest tone
Prismatic dazes me with magic stress.

So, Death at length hath ta'en thy hand : black Death
With whom, when drunk with golden Light and joy,
'T was thy quaint whim to dally, no wise coy,

Death hath for true-love kissed thee, still whose breath
Pipes the same tune for ever : — « *My repose*
Is more than sunshine — sweeter than the Rose! »

WILLIAM BONAPARTE-WYSE.

VINGT-CINQ OCTOBRE

La mort l'avait surpris, il dormait solitaire,
Pour la première fois sur sa tâche affaissé;
Tous ses rêves légers fuyaient son front austère
Et son livre à ses pieds raidis avait glissé.

Toujours les mêmes lois et le même mystère :
L'homme, à l'aube debout, le soir est terrassé;
Quatre planches qu'on cloue, une motte de terre,
Une larme qui tombe... et tout est effacé!...

Les abeilles venant de Grèce, leur patrie,
Ne trouvant plus de miel sur sa lèvre flétrie,
Bourdonnaient tristement et regrettaient leurs cieux.

Abeilles, butinez sur le livre qu'il laisse;
Ses vers ont le parfum des fleurs de votre Grèce,
Faites-y votre miel et le portez aux dieux.

GEORGES BOUTELLEAU.

A THÉOPHILE GAUTIER

Moi, je dirai sa voix douce et si pénétrante!...
Timbre d'or de Hugo, de Gérard de Nerval,
De Rogier, de Stadler, de Houssaye et Dorval,
De ce groupe d'amis que la Muse apparente.

O douce voix!... soupir de flûte au fond du val!
Écho de la syrinx, mélodie enivrante,
Pour quel divin concert votre chœur sans rival
A-t-il reçu le *la* de quelque Fée errante?

Toujours jusqu'au tombeau, mon âme l'entendra
— Tel un Brahmine écoute et croit entendre Indra —
La chère voix, aux sons caressants et pareille

Aux plaintives rumeurs des bois, quand vient le jour,
A la Guzla qui pleure et chante un chant d'amour
Lorsque la tribu dort et que l'amante veille.

ALFRED BUSQUET.

MÉTEMPSYCOSES

Sous les eaux, à cinq brasses profondes, ton père est couché :
Ses os en corail sont changés;
En perles est changé ce qui était ses yeux ;
Rien de lui ne peut s'anéantir,
Mais tout subira sa métamorphose
En quelque chose de riche et de merveilleux.
(La chanson d'Ariel.)

Si l'esprit ne meurt pas, mais retourne à l'esprit,
Si les flots de la mort profonde,
En roulant dans leur sein ceux que la mort surprit,
Les emportent au fond d'un monde

Où tout se fait plus beau, plus riche et merveilleux ;
Maître, puisque ainsi rien n'arrête
La course de notre âme ou du vent dans les cieux,
Qu'es-tu maintenant, ô poëte ?

Toi qui créais, peux-tu continuer ailleurs
Tes créations commencées ?
Sur une étoile d'or, verses-tu dans les fleurs,
Pour les enflammer, tes pensées ?

Artiste heureux, fais-tu dans un coin de l'azur,
Gouverné par ta fantaisie,
Surgir une cité, toute de marbre pur
Comme ta blanche poésie,

Cité plus radieuse et mieux rhythmée encor
Que Constantinople ou Venise,
Où les yeux à jamais ivres de pourpre et d'or
Ignoreront la couleur grise?

Ou bien présides-tu, sous un autre soleil
D'où sans fin coule l'harmonie,
Un astre plus aimant, plus jeune, plus vermeil,
Plus hospitalier au génie?

Sur un monde idéal, maître, n'erres-tu pas
Parmi de fières patriciennes,
Belles, comme autrefois les voyaient ici-bas
Les étoiles des nuits anciennes?

Car tu l'as mérité, cet éden inconnu,
Ce paradis de belles formes,
Songeur aux rêves purs, pour être ainsi venu
Dans ce temps de laideurs énormes !

H. CAZALIS.

AMICUS AMICO

Si ton corps est dans le suaire,
Ton esprit vivra dans les ans.
J'ai vu ta chambre mortuaire,
Tes deux filles pleurer dedans...

Ce n'est plus qu'un lieu funéraire
Où tu recevais tes aimants;
Hélas! adieu le sanctuaire!
Se sont dit tous les assistants.

Adieu, mon immense poëte,
Plus grand art et plus noble tête
Ne se verront pendant longtemps;

Et si j'ai peint un jour ta face,
Tu fis la splendide préface
De mon livre. — Un jour de printemps!!

AUGUSTE DE CHATILLON.

AU MORT

Moi, qui chante les bois, les prés,
Dans ma rugueuse et rouge prose
Où marchent les désespérés
Au regard farouche et morose,

J'aime tes vers si mesurés
Qu'une lumière pure arrose
De rayons d'or inaltérés,
O grand poëte blanc et rose!

Triomphe en ce pays divin,
Où ne germe ni blé ni vin,
Que tu peuplas de tant de marbres,

Toi qui me fais trahir les arbres
Et déserter mon vert sentier,
Peintre du Rêve, toi, Gautier!

LÉON CLADEL.

THÉOPHILE GAUTIER

Un jour, dans un sonnet magique de splendeur
Il peignit les contours de la fleur de Hollande,
La tulipe superbe, altière, droite et grande,
Plus hautaine qu'un lis — belle mais sans odeur.

Fière, et se blasonnant, *or avec pourpre en bande,*
Sa poésie était semblable à cette fleur,
Mais, tulipe embaumée où se cachait un pleur,
Elle avait le parfum exquis de la lavande.

Turc d'Athènes flânant sur notre boulevard,
Rimeur oriental et chercheur de hasard,
Lui, fils de Rabelais qui chérissait Homère,

Il errait, poursuivant, fidèle à tous ses dieux,
La beauté — strophe ardente ou marbre radieux,
Où coulât le sang pur de la Gaule, sa mère!

JULES CLARETIE.

THÉOPHILE GAUTIER

A ISMAÏLIA

Quand l'immense décor de ces milliers de tentes,
Qu'Ismaïlia naissante au désert déroula,
Nous apparut, sculpté sur trois zones flottantes
D'or, de pourpre et d'azur! — son œil étincela.

Au signal du canon, les foules haletantes,
Pour voir passer des rois se ruaient ce jour-là,
Bonds sauvages, suivis de stupides attentes.
J'allai vers lui, pensant : Le vrai roi, le voilà!

Songeur, il caressait le cou d'un dromadaire;
Avec ce parler lent que le rêve modère,
Il me dit : « On voudrait peindre en vers ce tableau :

« Noces de mer, jeux africains, pompe d'Asie... »
— Oui, mais j'en chasserais ces rois sans poésie,
Pour n'y voir acclamé que vous seul, dieu du Beau! »

LOUISE COLET.

THÉOPHILE GAUTIER

ÉLÉGIAQUE

Maître, l'envieux n'a pu satisfaire
Sur toi son cruel et lâche désir.
Ton nom restera pareil à la sphère,
Qui n'a pas de point par où la saisir.

Pourtant il fallait nier quelque chose
A l'œuvre parfaite où tu mis ton sceau.
Splendeur et parfum, c'est trop pour la rose,
Ailes et chanson, c'est trop pour l'oiseau.

Ils ont dit : Ces vers sont trop purs. Le mètre,
La rime et le style y sont sans défauts.
C'en est fait de l'art qui consiste à mettre
Une émotion sincère en vers faux.

Tu leur prodiguais tes odes nouvelles,
Embaumant l'Avril et couleur du ciel.
Eux, ils répétaient : Ces fleurs sont trop belles.
Tout cela doit être artificiel.

Et poussant bien fort de longs cris d'alarmes,
Ils t'ont refusé blessure et tourments,
Parce que ton sang, parce que tes larmes
Étaient des rubis et des diamants.

L'artiste grandit, la critique tombe.
Mais nous, tes fervents, ô maître vainqueur!
Nous voulons écrire aux murs de ta tombe,
Que ton clair génie eut aussi du cœur.

Nous savons le coin où se réfugie,
Sous les fleurs de pourpre et d'or enfoui,
Le parfum discret de ton élégie,
Bleu myosotis frais épanoui.

Oui, nous l'envions, ce spectre de rose
Sur un jeune sein morte un soir de bal;
Et notre tristesse est souvent éclose
En nous rappelant l'air du carnaval.

Nous avons aussi perdu notre amante.
Nous l'avons poussé, ce soupir amer
Du pêcheur qui souffre et qui se lamente,
Seul et sans amour, d'aller sur la mer.

Celle que tout bas tu nommes petite,
Celle à qui tu dis : Le monde est méchant,
Nous a bien prouvé, l'enfant hypocrite,
Qu'elle avait un cœur, en nous trahissant.

De ses yeux d'azur la larme tombée,
Diamant du cœur par ta main serti,
Nous l'avons tous bue, à la dérobée,
Sur un billet doux qui nous a menti.

Et sur les joujoux laissés par la morte,
Aujourd'hui muets et si gais jadis,
Nous prions encor pour que Dieu supporte
Le bruit des enfants dans le paradis.

FRANÇOIS COPPÉE.

A THÉOPHILE GAUTIER

Non : L'ouragan qui traîne après lui tant de pertes,
Ni la mort qui le suit en préparant ses coups,
O France, ne pourront te jeter à genoux;
Tes flammes, par leurs soins, ne seront pas couvertes.

Ton sang fécondera, dans les plaines désertes,
D'abondantes moissons aux bienfaits les plus doux :
En vain t'enchaîneraient les barbares jaloux,
Tes entrailles toujours demeurent entr'ouvertes.

Celui que nous pleurons, dans ta mâle vertu
T'admirait ; il est mort par ta peine abattu;
Tant est plein, ton amour, d'une puissance occulte !

Mais lorsqu'un de tes fils, ô France, disparaît,
Le progrès indécis subit un long arrêt ;
A tes héros tombés le monde doit son culte!

E. CORRA.

QUAND IL ÉTAIT ÉCOLIER

Son père nous disait : « Théophile travaille,
Mais à sa fantaisie, à son heure, en son lieu :
Sous la règle scolaire il se range assez peu,
Et, quand on l'y contraint, il ne fait rien qui vaille.

« Donc, je le laisse libre ; et maint pédant me raille
De ce que je le gâte et joue un si gros jeu...
N'importe! qu'il fleurisse au souffle du bon Dieu!
Dans le moule banal je ne veux pas qu'il aille!... »

O père de Gautier, mon vieux chef à l'Octroi,
Je te l'avais prédit que ton fils serait roi !
Ta méthode était bonne, et l'autre détestable...

Prosateur, et poëte aux rhythmes souverains,
Encor qu'il ait été romantique à tous crins,
Il n'imita personne, et reste inimitable.

ALEXANDRE COSNARD.

MORALE

Orner le monde avec son corps, avec son âme,
Être aussi beau qu'on peut dans nos sombres milieux,
Dire haut ce qu'on rêve et qu'on aime le mieux,
C'est le devoir, pour tout Homme et pour toute Femme.

Seuls, les déshérités du ciel, qui n'ont ni flamme
Sous le front, ni rayons attirants dans les yeux,
S'effarant de tes bonds, Lion insoucieux,
T'en voulaient. Mais le vent moqueur a pris leur blâme.

La splendeur de ta vie, et tes vers scintillants
Te défendent, ainsi que les treize volants
Gardent rose, dans leurs froufrous, ta Moribonde.

Elle et toi, jeunes, beaux, pour ceux qui t'auront lu,
Vous vivrez. C'est le prix de quiconque a voulu
Avec son corps, avec son âme, orner le monde.

CHARLES CROS.

A THÉOPHILE GAUTIER

Peintre des vives rutilances,
Grand estampeur de vers nacrés,
Doux enchanteur qui nous balances
Parmi les firmaments dorés,

Chantre des chaudes indolences,
Barde des amants abhorrés
Pour leurs fougueuses violences,
Mais par ton art transfigurés :

Loin de ce monde ridicule,
Au sein de l'Éther flamboyant
Qu'aucune tache ne macule

Tu te dérobes souriant,
Et comme un soleil d'Orient
Tu te couches sans crépuscule.

G. DARGENTY.

L'ART

A vingt ans, le Poëte, enivré de sa force,
Jette d'un front joyeux l'exorbitant éclat,
Et pour les voluptés viriles du combat
Sculpte l'or d'un kandgiar superbe à lame torse.

Mais la séve fougueuse assouplit son écorce;
Sur les tentes la paix glorieuse s'abat; —
Au-dessus de la Mort en fête et du Sabbat
Vénus calme déploie en souriant son torse.

Comme un riche platane élargi dans le ciel,
L'Artiste rêve; il suit dans la forme des choses
L'harmonieux dessein de leurs métempsycoses;

Et dans son culte il règne et repose, immortel...
O visibilité de Dieu, Beauté suprême,
Tu n'as pas besoin d'âme, étant l'âme elle-même.

PAUL DELAIR.

LA COMÉDIE DE LA MORT

O Mort, dont Théophile a peint la comédie,
As-tu tranché ses jours assez cruellement?
Son puissant cœur lutta contre la maladie;
Sa verve se jouait de ton acharnement.

Tu le voulais punir de son œuvre applaudie;
Mais la gloire l'avait adopté pour amant.
Le cygne inanimé laisse sa mélodie :
L'écho répand les vers du poëte dormant.

Ton triomphe est manqué, reine des catacombes!
Le sien dure : il a dit ton métier dans les tombes;
Nul peintre n'a rendu, mieux que lui, ta laideur.

Ta faux, en le frappant, l'a sculpté *Commandeur;*
Sa figure à jamais resplendit belle et grande!
Il a fait ton histoire, et tu fais sa légende.

PROSPER DELAMARE.

PALETTE MAGIQUE

« Peinture, la rivale et l'égale de Dieu ! »
Th. Gautier *(Albertus)*.

« Où donc l'as-tu trouvé ce bijou poétique?
Aux bords de la Néva, froid reptile apathique,
Ou dans l'Escurial, géant bastionné?
Réponds, mort immortel de myrte couronné.

— Par une nuit d'argent, fluide et magnétique,
Sur les degrés moirés d'un harem fantastique,
La *Péri*, dont l'œil noir s'ombrage de henné,
Pâmée en un baiser d'amour, me l'a donné. ».

Vous l'entendez, sculpteurs. — Dans un groupe d'almées,
Enlacez de son nom les syllabes aimées,
Et brodez sa palette au front du monument :

La couleur n'eut jamais de plus fidèle amant,
Car il fait voir aux yeux ce que l'âme veut lire,
Et sa plume, en peignant, chante comme une lyre.

PAUL DEMENY.

SALUT FUNÈBRE

Salut à toi, du fond de la vie éphémère,
Salut à toi qui vis dans l'immortalité
Où près de Gœthe assis tu contemples Homère !

Salut ! Tu fus l'amant de la pure beauté !
Et dans ton cœur vibrant sous d'augustes présages
Tu lui bâtis d'avance un palais enchanté !

Jeune Grec exilé dans la laideur des âges
Tu te ressouvenais, en pleurant les retards
De la beauté qui fait se lever les vieux sages !

Songeur mélancolique en nos siècles bâtards,
Frère de Phidias, tu chantas loin d'Athènes,
Mélodieux martyr des confus avatars !

Salut ! Tu fus l'amant des chimères lointaines !
Et tes yeux clairs cherchaient dans nos fleuves fangeux
Le reflet dont jadis ont frémi les fontaines !

Les Olympes toujours ont nos désirs pour jeux !
Mais tu fus le croyant qui voulut toujours croire,
A travers le bruit vain des peuples orageux.

Et c'est pourquoi d'en bas nous saluons ta gloire
Et ton rêve vainqueur de l'ennui meurtrier,
Triomphal invité du Temple de Victoire!

Entres-y, le front ceint du vivace laurier,
Toi qui, sachant n'aimer que la beauté parfaite,
Tout jeune sus la peindre en parfait ouvrier!

Après t'avoir pleuré, les Muses te font fête,
Nostalgique chanteur, du seul paros épris,
Doux comme un revenant, calme comme un prophète!

Prêtre tardif, gardien du culte désappris,
Tu détournas ton cœur des idoles grossières,
Le gardant à l'idole impeccable pour prix.

Honneur à toi parmi les gloires devancières!
Et plus haut par l'oubli des illustres d'un jour,
Tu verras s'écrouler leurs autels de poussières.

Ils t'ont pris par la main ceux-là qui, tour à tour,
Du bout d'un burin d'or nous gravant leur pensée,
Ont de l'œuvre divine épuré le contour.

Reçois de fils pieux la couronne tressée
Pour ceux qu'illuminait un éclair idéal
Dont leur âme en naissant fièrement fut blessée.

Siége, esprit lumineux, au Temple sidéral!
Lèvre attique parlant de suprême harmonie,
Étanche enfin ta soif dans un nectar lustral!

La suprême beauté loin de nous est bannie!
Mais nous la revoyons dans le miroir de l'art,
Depuis que le Rapsode erra dans l'Ionie.

Salut! Tu peux parler d'Hélène au grand Vieillard.

LÉON DIERX.

UNE LARME DE GISELLE

Sur le cercueil, couché dans le fond de la tombe,
On entend résonner la terre qui retombe
A temps égaux. Le prètre a fermé son psautier.
La France pleure, en deuil, Théophile Gautier.

La foule défila sous un ciel froid d'octobre.
Et je rentrai chez moi. Le jour grisâtre et sobre
Allongeait, en tombant, l'ombre sur le tapis.
A la chaleur du feu, rêveur, je m'assoupis.
Mon foyer s'agrandit : le chambranle de l'âtre
S'ouvrit comme la baie immense d'un théâtre,
Les bûches se changeaient en chênes, en bouleaux,
En saules rabougris, en trembles, en roseaux.
La lune au ciel brillait. La braise incandescente
Imitait d'un étang la nappe miroitante
Où de grands nénuphars découpaient des cœurs noirs.
L'air était vaporeux comme il est aux beaux soirs.
Et soudain les Willis, danseuses fanatiques,

Apparurent valsant leurs valses fantastiques;
Puis leur reine Myrtha de son sceptre de fleurs
Frappa le pied d'un saule aux verdâtres pâleurs.
Et l'ombre de Giselle aussitôt de la terre
Jaillit. Elle portait une tristesse austère
Empreinte sur ses traits contractés et pâlis.
De légers voiles noirs, de leurs funèbres plis,
Enveloppaient son front baigné des lueurs blondes
Que la lune versait en abondantes ondes.
Dans ses yeux frangés d'or une larme perla,
Grossit, brûlante, amère, et lentement roula
Sur l'urne que tenait sa main blanche et petite.
Le bronze au même instant se fendille, crépite,
Éclate, et de ses flancs une flamme bondit.
Le zénith empourpré rayonne, resplendit,
Et l'âme de Gautier, lumineuse et sereine,
Monte, et vole chercher sa couronne de reine
Dans les pays brillants où s'incarne le Beau!

Je m'éveillai, sans feu, sous le froid du tombeau.

FRÉDÉRIC DILLAYE.

IL N'EST PAS MORT

Je ne suis pas la fleur; mais son parfum m'enivre.
Je ne suis pas l'oiseau ; mais j'écoute sa voix.
Je ne suis pas l'Écho qui se plaint dans les bois;
Mais mon cœur lui répond ; mon âme aime à le suivre.

Poëtes d'aujourd'hui, Poëtes d'autrefois,
Comme un adorateur du bel art qui fait vivre
Si je me suis inscrit, c'est sur un autre livre;
Mais je monte avec vous le chemin de la croix !

Ce luth, tombé du ciel pour enchanter la terre,
Je crois l'entendre encor, quand il semble se taire ;
Il frémit sous le marbre... Une harmonie en sort.

C'est sa voix !... Laissons-nous charmer par tant de charmes.
L'ami que nous pleurions ne veut plus de nos larmes :
Il revit dans ses vers ; il chante !... Il n'est pas mort!

CAMILLE DOUCET.

VOX HUMILIS

Gautier, tu le disais : dans leurs tentures blanches
Quand les morts sont couchés, leurs membres sont bien froids,
Mais leurs cœurs restent chauds ; et, tristes, quelquefois
Ils viennent écouter aux fentes de leurs planches.

Eh bien ! écoute-nous, car nos larmes sont franches
Et les sanglots sont vrais qui déchirent nos voix ;
A ton bûcher funèbre, ô Gautier, tu le vois,
Même les plus petits ont apporté des branches.

Et toi, dont il chantait les ténébreux appas,
O Mort, sois-lui bénigne, et ne refuse pas
Au poëte impeccable une paisible couche,

Où, comme un soir la Reine à son poëte aimé,
Les mortes par amour poseront sur sa bouche
L'hommage doux et pur d'un baiser parfumé.

H. DUNESME

LE BUCHER

Prêtre des anciens dieux, fils de la vieille Attique,
Tu n'as jamais aimé le squelette gothique,
Et l'art plus consolant des Païens t'était cher
Voilant les os hideux des splendeurs de la chair.
Pourtant sur ton front pâle on a cloué la bière,
Poëte, et dans le noir gazon du cimetière,
Sous le balancement des longs cyprès en deuil,
On a profondément enfoui le cercueil :
Et nos cœurs étaient pleins d'une tristesse amère.
Va, nous aurions voulu vers la Grèce ta mère
T'emporter, ô doux maître, et, disciples pieux,
Te dresser sous l'azur un bûcher glorieux.
La flamme aurait rougi les vastes mers lointaines ;
Debout sur son tillac, le matelot d'Athènes
Aurait pu voir, pensif, dans la tiédeur du soir,
Pareils à la vapeur fine d'un encensoir,
Ou bien à la fumée au loin d'un feu de pâtres,
Monter, clairs et légers, les volutes bleuâtres.
A l'aube nous aurions longtemps suivi des yeux

Le suprême flocon envolé vers les cieux,
Puis, récolteurs émus de tes cendres chéries,
Traversant les vallons en longues théories,
Nous aurions déposé l'urne de marbre blanc
Au bord d'un fleuve bleu sous les branches tremblant.
Dans le Paros, parmi les festons de l'acanthe,
L'art aurait évoqué le faune et la bacchante
Et les divinités indulgentes des bois ;
Chœur dansant, visions exquises d'autrefois ;
Et les buissons fleuris seraient pleins de colombes,
Car leur frêle blancheur est douce auprès des tombes.
Dans ce bois consacré ton esprit souverain,
Poëte, aurait plané sur le marbre serein,
Et lorsque, le cœur las des hommes et des choses,
Nous t'aurions visité parmi tes lauriers-roses,
Pèlerins consolés, nous aurions bu souvent
Un peu de ta grande âme éparse dans le vent !

PIERRE ELZÉAR.

THÉOPHILE GAUTIER

Non, il n'est pas éteint ce foyer dont la flamme
Épandit ses rayons sur le monde charmé :
Rien ne le ternira, ce laurier renommé;
Rien ne la brisera, cette vaillante lame.

La Mort vint sur ta lèvre, ô Poëte acclamé,
Poser furtivement son précieux dictame;
Délivré maintenant, maintenant transformé,
Tu peux boire à longs traits l'idéal de ton âme.

Vers le Gange sacré s'envole ton essor;
Ami du clair soleil et des nuits constellées,
Tu traverses l'éther dans un nuage d'or...

A tes yeux, à ton cœur les Sphères déroulées
Vont livrer des couleurs et des strophes ailées...
Dans l'infini des temps tu chanteras encor.

ALFRED DES ESSARTS.

VIR

Qu'on proclame l'Aède éternisé parmi
Les maîtres du grand Art radieux et prospère,
J'adorerai Celui dont il fut dit : « le Père »
Et dont nous disions, fils respectueux : « l'Ami, »

Mâle raison, courage ardemment affermi,
Qui, de rares vertus immuable exemplaire,
Vint embrasser Paris dans la chance contraire,
Et ne sut ni vouloir ni souffrir à demi ;

Être indulgent et bon, soulevant les poëtes,
Tel qu'on voit Apollon sur un socle romain
Tenir un petit dieu d'ivoire dans sa main,

Et qui, plein de pudeur en ses fiertés muettes,
Voilait discrètement, hormis pour notre chœur,
Le plus beau, le plus pur des diamants, son cœur !

EMMANUEL DES ESSARTS.

A THÉOPHILE GAUTIER

Il est parti, le Maître aimé,
Vers ce grand là-bas qu'on ignore,
Aux yeux vivants séjour fermé,
Nuit sombre, ou lumineuse aurore?

Vers ce grand pays inconnu,
Si loin et si proche du nôtre,
Où tous s'en vont l'un après l'autre,
Et d'où pas un n'est revenu.

Il est parti, plein de courage,
Souriant, à peine songeur,
L'infatigable voyageur,
Parti pour le dernier voyage!

A cette heure il a soulevé
Le voile du profond mystère :
Il connaît le sort réservé
A l'homme au sortir de la terre;

Où les âmes vont, il le sait,
Où le cœur lassé se repose,
Et — quand nous le pleurons — il cause
Avec Lamartine et Musset!

Ne nous diras-tu point, poëte,
Ce qu'on voit, franchi le grand pas?
Ce voyage, lyre muette,
Ne nous le conteras-tu pas?

Sous les couleurs étincelantes
Dont ta palette eut le secret,
Divin Maître, que ce serait
Plein de charmes, et d'épouvantes!

Tu dirais si le ciel est pur,
La plaine humide de rosées,
Si le Styx est noir ou d'azur,
S'ils sont verts les Champs Élysées;

Quel batelier c'est que Caron,
Et comment Minos délibère?
Tu nous montrerais l'Achéron,
Et les trois têtes de Cerbère!

Tu dirais s'il est des damnés
Plongés dans la fournaise ardente,
Ou s'ils ne sont qu'imaginés
Les cycles effrayants de Dante?

9

Enfers païens ou ciel chrétien,
Sous la terre ou dans les étoiles,
Que tu nous peindrais de ces toiles,
Maître, que tu peignais si bien !

Regrets stériles ! — C'est dommage,
Mais on n'écrit point de là-bas,
Et c'est, las ! ton plus beau voyage
Que tu ne nous rediras pas !

PAUL FERRIER.

A THÉOPHILE GAUTIER

Pendant ces mois maudits, amers au souvenir,
Où Paris haletant fut séparé du monde,
Sous les lâches boulets foudroyant à la ronde,
Poëte, tu marchas jusqu'au bout sans faiblir.

Mais, au seuil des maisons lorsque tu vis venir
Nos ennemis, on dit qu'à ce contact immonde,
Ton âme frissonna d'une angoisse profonde
Et ton corps défaillit... Tu savais donc souffrir !

Belle Muse sereine, aux formes magnifiques
Comme le marbre exquis des Vénus helléniques,
Libre et sonore voix de l'Art pur et du Beau,

Esprit charmant et bon, si prompt à l'indulgence,
Que la plainte sur toi tombe avec abondance!
Tu n'étais pas, hélas! mûr pour l'affreux tombeau.

ÉLIE FOURÈS.

AU POËTE.

Gautier, doux enchanteur à la parole fière,
Habile à susciter les contours précieux
Des apparitions qui flottaient dans tes yeux,
Tu fis avec bonté ton œuvre de lumière.

Le royal talisman, le prompt évocateur,
Le Verbe arma ta bouche abondante en images;
Mieux que l'anneau mystique et la verge des Mages
La parole servit ton vouloir créateur.

La parole est divine et contient toutes choses.
Heureux qui, pour fixer son rêve intérieur,
Employa sans faillir la forme et la lueur
Dans le cristal des sons fatalement encloses!

Heureux qui fit couler, à flots, de son pressoir,
Comme un vin d'Engaddi, les mots dont on s'enivre,
Et qui, pour célébrer le triomphe de vivre,
De rhythmes parfumés remplit son encensoir.

Heureux qui, comme Adam, entre les quatre fleuves,
Sut nommer par leur nom les choses qu'il sut voir,
Et de qui l'écriture est un puissant miroir
Fidèle à les garder immortellement neuves !

Car après que cet homme a fini ses travaux,
Et que les belles mains de la Tristesse calme
Ont posé fermement la couronne et la palme
Sur sa bière livrée aux lents et noirs chevaux,

Il vit épars en nous sur la terre chérie ;
Son essence, à nos yeux charmés, en songes clairs,
En chastes visions, dans la douceur des airs
Flotte, et l'heure présente en est toute fleurie.

Il se mêle, subtil, au jour que nous voyons
Et vient nous affranchir du temps et de l'espace ;
Un frisson glorieux saisit nos cœurs où passe
Son âme dispersée en ses créations.

Son souffle sibyllin autour de nous fait naître
Un astre enchanté, plein de suaves couleurs,
De parfums, de regards, de sourires, de pleurs,
Et multiplie en nous la joie immense d'être.

Que pour nous l'univers se baigne tout entier
Des effluves charmants de la pensée humaine !
Que sur tous les chemins où le destin nous mène
Tes apparitions se lèvent, ô Gautier !

ANATOLE FRANCE.

LE MAGICIEN

Fier et beau comme un fils d'Hellas, terre des Dieux,
Secouant au soleil sa large chevelure,
Jeune, et l'âme superbe encor plus que l'allure,
Quand Il voulut vous rendre à la splendeur des cieux,

Arts livrés aux corbeaux, dont le bec odieux
N'avait rien épargné de la chaude nature
Et du sang qui te fait une pourpre, ô Peinture,
Avec la chair vermeille, enchantement des yeux,

« Va! cria dans l'aurore un génie, et réclame
Au Giorgione, à Rubens, au Lorrain, à Goya,
Leur palette où la vie intense flamboya! »

Or, Il saisit la plume au flot noir : mais la flamme
Jaillit de l'encre... et, Maître aux doigts ensorceleurs,
En assemblant des mots Il créait des couleurs!

FÉLIX FRANCK

AVE IMMORTALIS

MORITURUS TE SALUTAT

Ein heiliger Schauer erfasst mich, durchdringt mich,
Wenn deiner ich, Dichterfürst, auch nur gedenke;
Bewunderung reizt mich, Begeisterung zwingt mich,
Dir gleich einem Gotte zu bringen Geschenke.

Doch was kann ich bieten dem Geist ohne Tadel,
Dem schon sein Jahrhundert die Palme geboten?
Und wass dem Poeten voll Reinheit und Adel,
Der nur als Unsterblicher kam zu den Todten?

So viel als der sterbensbereiteste Fechter,
Dem Cæsar, dess Blick auf ihn wirkt noch verderblicher,
Als die Lanze des Gegners, der Menge Gelæchter :
Eh 'ich verscheide, den Gruss dir, Unsterblicher.

EMMANUEL GLASER.

LES FUNÉRAILLES

DE THÉOPHILE GAUTIER

Eh bien! monde affairé, monde brutal, qu'assomme
L'Idéal et qui, plus que la bête de somme,
Penches stupidement ton front vers le trottoir,
Toi qui ne connais rien au-dessus du comptoir,
O monde positif qui prends des airs moroses
Si l'on vient à nommer les amoureux des roses,
Allons! ouvre les yeux et vois donc aujourd'hui
Le vide affreux que laisse un poëte après lui!

Regarde ce cortége immense, cette escorte
Qu'éblouit le reflet de la dépouille morte
Étendue et fermant les yeux dans le cercueil.
Pas de faux airs émus. Vois! C'est bien un vrai deuil,
Et tout ce que Paris compte d'illustre, austère,
Frissonnant, est venu pour voir rendre à la terre
Cette argile pétrie autrefois par un dieu!
Et pourtant ce n'est point un homme de haut lieu,
Un prince, un gros bonnet de la finance, un être
Qu'un trône voit mourir, ainsi qu'il l'a vu naître,

Ce défunt qu'une foule entoure avec amour.
Jamais tu ne le vis au coin d'un carrefour
Appeler les passants, « faire de la réclame! »
Non! C'était un poëte épanchant sa belle âme
En magnifiques vers, purement, simplement,
Chantant le lis candide et le clair firmament;
Et dans ces jours brumeux où l'ignoble ironie
S'admire en insultant chaque jour le génie,
Il inclinait son front olympien devant
Le Maître qu'il avait connu soleil levant
Et qu'il servit toujours d'une foi si profonde.
Oh! comme les hideurs banales de ce monde
Disparaissaient devant Théophile Gautier!
Dévouant au seul art tout son cœur en entier,
Comme ce grand poëte était bon et sensible!
Quand il passait ainsi qu'un beau lion paisible,
On eût cru voir marcher un sage de ces temps
Où la Lyre apaisait la fureur des Autans;
Et l'on croyait ouïr chanter une sirène
Quand en perles tombait sa voix douce et sereine.

Ah! parce qu'on a ri, parce que l'on rira
De ceux que le laurier verdissant attira,
Parce qu'il faudra bien toujours qu'un imbécile
Soit là pour accomplir cette tâche facile
D'ameuter le public contre les fronts hautains,
Poëtes, bénissons largement nos destins :
Tout est beau, tout est bien et mon âme est en joie!
Pour renaître à l'espoir, il suffit que je voie

La stupeur que Paris, ce railleur sans remord,
Ressentit quand on dit que Gautier était mort.
Quel triomphe plus grand et plus fier pour la Muse !
Le soleil perce enfin l'obscurité confuse
Et dore de rayons éternels le laurier
Qui croît sur le tombeau de ce digne ouvrier
Mort l'outil à la main, dans un calme sublime,
Cherchant à suivre encor le vol pur d'une rime !

ALBERT GLATIGNY.

A THÉOPHILE GAUTIER

On n'a pas à pleurer sur son génie; il reste
Tout entier immortel dans sa prose et ses vers.
La mort qu'il a chantée aux chefs-d'œuvre divers
Met le lustre suprême et le sceau sans conteste.

Mais vainement pour tous sa gloire manifeste
Du jaloux avenir ne craint point de revers,
Sa perte, qui s'ajoute à de sombres hivers,
Pour ceux qui l'ont connu n'en est pas moins funeste.

Sa grâce, sa douceur, son bienveillant accueil,
Son parler qu'on aimait, tout cela, le cercueil
Le leur dérobe, et nul ne saura le leur rendre.

La bonté littéraire, il l'eut; à quel degré!
Lui qui, dans son essor altier, n'a pu comprendre
Qu'à railler l'insuccès on prît le moindre gré!

Cte F. DE GRAMMONT.

A THÉOPHILE GAUTIER

I

D'autres de son génie ont parlé dignement.
Trop jeune et trop obscur pour l'avoir pu connaître,
Je ne sais rien de lui, que l'œuvre et que le maître.
Ceux qui, parents, amis, pleurent en ce moment,
Savent ses dons de cœur. Je dirai seulement
Quelle image de lui vient toujours m'apparaître.

II

D'abord, c'est au théâtre, aux soirs où tout Paris
Va d'un auteur nouveau savoir quel est le prix,
Ou grossir des sifflés le long martyrologe.
Lui, tranquille, accoudé sur le bord de sa loge,
Écoutant tout passer sans paraître surpris,
Aux efforts malheureux distribuait l'éloge.

III

Et puis, où je le vois encor, c'est à Neuilly,
Dans son chalet bâti dans un coin de campagne.
C'est là qu'il vivait seul, comme un lion vieilli
Paresseux à quitter le haut de sa montagne;
Là qu'il s'était adjoint l'étude pour compagne,
Et que tout jeune auteur était bien accueilli.

IV

Et moi, je m'en souviens, voilà bien des années,
J'allai, dans ce doux nid, aujourd'hui plein de deuil,
De mes premiers essais lui porter le recueil.
O soleil de printemps! époques fortunées!
Beau jour! Que de gaîtés s'en allaient égrenées
Des lèvres du causeur qui me reçut au seuil!

V

Nous parlâmes de l'art et de l'acteur Rouvière,
Des beaux soirs d'*Hernani,* du journalisme affreux,
Et combien en ces temps l'artiste est malheureux,
Esprit libre forcé de marcher dans l'ornière...
Sa conversation me revient tout entière,
Aujourd'hui que j'apprends son trépas douloureux.

. . . .

VI

Soldats du romantisme et de dix-huit-cent-trente,
Bons preux, après la lutte et les combats ardus,
Vous voici dans la mort presque tous descendus !
Dormez en paix ! Votre âme en vos œuvres errante
Dira sans fin, trompette héroïque et vibrante,
Des chants qui, pour vos fils, ne seront pas perdus !

VII

Lorsque, las de carnage et vaincu par le nombre,
Le paladin Roland tombait à Roncevaux,
Le cor, chantre et témoin de ses nobles travaux,
Refusait d'escorter son âme en la nuit sombre.
Et le pâtre des monts entend toujours dans l'ombre
Ses chants mêlés aux cris effarés des chevaux.

LÉON GRANDET.

A TEOUFILE GAUTIÉ

Boufo, boufo, Eissero! se n'enchau lou soulèu :
L'auro noun pou de l'astre amoussa lou calèu.

Quilo e boundo, grand mar! jamai di dindouleto
Tis ausso bagnaran li rapidis aleto.

Niéu sour, contro lou baus pos embandi ti tron :
Noun i'entamenaras ni li flanc ni lou front.

Ome, sus lou Ventour que toun pas escarlimpe!
Amount veiras de quant lou doumino l'Oulimpe.

E pamens i' a 'n gigant plus fort que l'Eissero :
Fai pali lou soulèu e tremoula lou ro.

Di négri dindouleto alassarié lis alo ;
E quand parlo, lou tron n'es qu'un brut de mouissalo.

D'un rai de soun vistoun esvarto l'orre niéu;
Soun esperit legis dins l'esperit de Diéu :

Pouèto, es toun Engèni estrange, que dardaio,
E que ris de la Mort e de soun cop de daio.

FÉLIS GRAS.

TEOFILO GAUTIER

Sereno, e stanco di vicende umane,
Questa terra inquïeta egli ha lasciato,
Egli, il Maestro, delle forme arcane
Innamorato.

Era forte nell' arte — era il leone —
Ne possedéa la maestà severa
E lo sguardo ripieno di visione
E la criniera.

Risuscitò l'ignota poesia,
Evocando col suo desir possente
Lo splendore infuocato e la magia
Dell' Orïente,

I monumenti sotto il cielo aperto
Nella torrida luce polverosa,
E la sublime noja del deserto
Senza una rosa.

Ne disse il Bosforo, ove l'onda bagna
L'alte moschée dalle dorate fronti;
I calli angusti nella dolce Spagna
In mezzo ai monti.

Fu dell' Italia appassionato amante
E ne applaudì la gloria e la fortuna;
I palazzi il ricordano vagante
Per la laguna.

Cantò la Gioja e il Bello, e la pagana
Voluttà della Forma, e i strani amori
Delle cose, e il desir; l'ebrezza umana
E i suoi colori.

Eppur sapeva le segrete pene
E le immense mestizie del poeta;
Sentì tristezza nella morta Atene.
Pensò alla meta,

Al destino, alla brama d'Infinito,
Pianse il passato ed indagò il futuro,
Interrogò le sfingi, e tese il dito
Verso l'oscuro.

L'occhio profondo all' orizzonte volto
Assaliva i confini del pensiero,
E il suo sogno vagava ognor più sciolto
Oltre il mistero.

Or lo ha seguito. Ei che raggiunta avea
Perfezione impeccabil di parola,
Sentiva in se come sepolta dea
L'alma che vola.

E forse già, lassù, dove s'ammanta
La gran luce terribile e superna,
Bello di nuova vita, ardente, canta
La beltà eterna.

LUIGI GUALDO.

MONUMENT

Tout périra : le marbre aussi bien que l'argile.
La matière que dompte une savante main
N'en saurait recevoir qu'une forme fragile.

Ce qui vécut mille ans disparaîtra demain ;
Car le Temps brise, aidé par la fureur de l'homme,
Les œuvres du génie et de l'orgueil humain.

Oui, toujours, ignorant du nom dont on les nomme,
Le barbare soldat de Mummius ou d'Athel
Mêle la cendre grecque à la cendre de Rome.

Le Dieu que Phidias fit jaillir immortel
Du Paros, chair sublime où l'Olympe respire,
Est rentré dans la terre en tombant de l'autel ;

Et de plus d'un César, qu'il fût mauvais ou pire,
Dont l'orgueil s'incarnait au bronze souverain,
On a fondu la gloire et monnayé l'empire :

Car la foule, en ses jours de colère sans frein,
Précipite du faîte et traîne dans la rue
Le dieu de marbre ainsi que le tyran d'airain.

Sans craindre que jamais elle soit abattue,
Dans un marbre ignoré, dans un divin métal,
Le Poëte a sculpté lui-même sa statue.

Il peut rire du Temps et de l'homme brutal;
L'insulte de la ronce et l'injure de l'herbe
Ne sauraient ébranler son ferme piédestal.

Car ses mains ont dressé le monument superbe
A l'abri de la foudre, à l'abri du canon:
Il l'a taillé dans l'or harmonieux du Verbe.

Immortel et pareil à ce granit sans nom
Dont les siècles éteints ont légué la mémoire,
Il chante, dédaigneux de l'antique Memnon:

Car ton soleil se lève et l'illumine, ô Gloire!

JOSÉ-MARIA DE HEREDIA.

AU MAITRE DE CHILDEBRAND

Entre, fantôme cher. O mon beau Gautier, entre
Dans la chambre où tes vers toujours seront aimés,
Et vois, emmanchonnant ses pattes sous son ventre,
Mon chat Vizir qui dort sur mes livres fermés.

C'est mon ami, vois-tu, si probe et si fidèle!...
Toi, tu comprends cela, maître de Childebrand?
Donc, ce soir, viens céans, tandis qu'à lourds coups d'aile
Le vent lutte, dehors, dans l'ombre, en soupirant.

O mon hôte superbe, assieds-toi, je t'en prie,
A côté du foyer. Plus de souci cruel.
Et parlons, si tu veux, d'une bouche attendrie,
De ces chats qu'adorait ton cœur spirituel.

Éponine! — Enjolras! — Don Pierrot de Navarre!
Cléopâtre! — Zizi! — Maigre Béelzébuth!
Madame Théophile, âme candide et rare!
Tous sincères et fins, Chats-de-Lettres, salut!

Compagnons de travail! ménagerie intime!
O grands Chats excellents!... Oui, pour avoir conquis
Sa tendresse profonde après sa haute estime,
Vous êtes immortels à présent, Chats exquis!

Loin des bavards pédants, et loin des imbéciles,
A lire de beaux vers, un chat sur les genoux,
Comme les rudes jours coulent gais et faciles!
Victime du journal, vous en souvenez-vous?

Pour moi, c'est en lissant le velours de la tête
Du chat obscur qui, là, sommeille en ce moment,
Que j'ai dit tes sonnets le plus souvent, poëte,
Ou, dans tes livres d'or, voyagé fréquemment.

Mais aujourd'hui ma voix est plus grave et plus lente,
Maître de Childebrand, près de mon humble ami;
Hélas! ton souvenir me rend la main tremblante
Que je passe, rêveur, sur mon chat endormi.

ERNEST D'HERVILLY.

DEVANT UN PORTRAIT

DE THÉOPHILE GAUTIER

I

Octobre 1871.

Il cisèle un camée, il caresse un émail;
Vous croyez qu'il écrit? Il peint, il sculpte, il grave.
Pour vaincre sa pensée il ne sait pas d'entrave
A toute strophe ailée il jette son tramail.

Capitaine Fracasse, il montrait son plumail
Avec les airs cassants du galant et du brave;
Mais l'art bientôt l'a pris et l'a fait fort et grave:
Son livre est immortel, d'or en est le fermail.

Comme on voit les rosiers aux branches remontantes
Sourire aux vendangeurs par leurs fleurs éclatantes,
Sa muse est toujours jeune et chante en souriant.

Comme on voit dans les cieux l'Aurore aux lèvres roses
De son divin baiser réveiller l'Orient,
Ses doigts sous le travail font refleurir les roses.

II

Octobre 1872.

J'avais deux compagnons de route sur la terre,
Mais la mort a passé deux fois sur le chemin.
Et j'ai pleuré deux fois. A qui donner la main?
Il me faut maintenant m'en aller solitaire.

O Théo! cher ami d'hier et de demain!
O Gérard! cher rêveur, dites-moi le mystère
Où voyage l'esprit quand la pariétaire
Envahit le tombeau? Quel est le Surhumain?

Où vous retrouverai-je, en la forme première?
Mais vous n'êtes pas morts. Vous traversez mes jours.
Pour ceux qui les aimaient, les morts vivent toujours.

Combien qui sont debout et n'ont pas la lumière!
La mort vous a couchés dans le froid monument
Mais votre étoile d'or s'allume au firmament.

ARSÈNE HOUSSAYE.

LA MORT DE DAPHNIS

FRAGMENT DE LA CINQUIÈME ÉGLOGUE DE VIRGILE.

. . . .

MÉNALQUE.

Du poëte Codrus dis-nous quelque nouvelle :
Si c'est maître Arbitus ou Codrus qu'on l'appelle?
Nous chanterons, veux-tu? les amours de Philis.
Tityre au pré voisin gardera nos brebis.

MOPSUS.

Justement j'ai transcrit sur l'écorce d'un hêtre
La note et la leçon d'une chanson champêtre.
Où commence le vers, où s'arrête le chant;
Où le flûteur reprend son accompagnement.
Amyntas, j'en suis sûr, ne pourrait pas mieux faire.

MENALQUE.

Autant vaut comparer le myrte à la fougère,
La rose sur sa tige au lichen sur sa pierre.
Mais nous voilà dans l'antre, halte-là! Commençons.

MOPSUS.

Nymphes, pleurez! pleurez, chênes! pleurez, buissons!
Hélas! Daphnis est mort dans la fleur des années.
Vénus invoque en vain ses rudes destinées,
Et se penche en pleurant sur le corps de son fils.
L'écho répète au loin : *Daphnis! pauvre Daphnis!*
La campagne à Daphnis rend les honneurs funèbres;
Le fleuve et le ruisseau se couvrent de ténèbres;
Les bœufs ont oublié l'eau pure et le gazon;
Tout languit et se perd dans ce morne horizon.
L'écho raconte au bois des choses lamentables:
Les lions ont versé des larmes formidables.
Le tigre obéissant s'attelait à son char;
Il apprit de Bacchus à parer avec art
Le thyrse entremêlé de pampres et de lierre.
Autant la vigne à l'orme est charmante et légère,
Autant Daphnis plaisait au sillon enchanté.
Notre soleil d'hiver, la paix de notre été,
Lui mort, ils sont partis les dieux de nos campagnes.
Palès appelle au loin ses fidèles compagnes.

Dans ces étroits sillons, plus de germe, il n'est plus
Que semence inutile et labours superflus.
La ronce avec l'épine à nos jardins s'impose,
Plus d'œillets, de jasmin, ô Vénus! plus de rose.

Mais Daphnis ne veut pas qu'on s'abandonne ainsi.
Bergers, consolez-vous; pasteurs, plus de souci!
Plantez des arbres verts sur le bord des fontaines,
Fécondez vos sillons et cultivez vos plaines.
Que la main d'un ami grave sur son tombeau :
Cy repose Daphnis, berger d'un fier troupeau;
Il aimait les forêts, les beaux vers, les étoiles!

JULES JANIN.

A THÉOPHILE GAUTIER

Poëtes, vous chantez! Votre plainte infinie
S'exhale dans les airs en un rhythme enchanté,
Votre douleur s'épanche en longs flots d'harmonie,
Poëtes, vous chantez l'éternelle agonie,
L'éternelle beauté!

Vos rêves cadencés en un savant murmure
S'envolent dispersés à tous les vents du ciel,
Et le cœur prisonnier, brisant la triple armure,
Laisse couler le sang de sa large blessure
Comme un ruisseau de miel.

O poëtes! Souffrez, pleurez, chantez encore!
Ainsi le vieil Homère, errant sur le chemin,
Récitait au passant le poëme sonore;
L'œil plein d'ombre, évoquant les clartés de l'Aurore,
Il étendait la main.

A chacun de vos pas un compagnon succombe,
De la Mort vous portez les sinistres couleurs,
L'Athlète en souriant regarde l'hécatombe,
Sur le sable du cirque il chancelle et retombe...
Salut, gladiateurs!

Vous aimez les parfums, les accords et les roses.
O chercheurs d'*Idéal*, ivres de volupté,
Éblouis des splendeurs de ses métamorphoses.
Fils des dieux, renaissez dans les apothéoses
De l'immortalité!

Gautier, console-nous des misères humaines,
Toi qui chantais l'Amour, la Liberté, le Beau;
Dans l'implacable azur de ces hauteurs sereines,
Rallume aux cœurs amis les fiertés souveraines
Comme un divin flambeau.

Les hommes de tes chants garderont la mémoire,
Ton nom sera l'égal du nom des dieux mortels;
O maître sculptural, poëte amant de gloire,
Tu reçois la clef d'or à la porte d'ivoire
Des Temples éternels.

CHARLES JOLIET.

SONNET

Gœthe expirant criait : « *Du jour ! du jour encor !* »
« *Des chants !* » murmurait Gluck à son heure dernière.
O splendide Harmonie ! ô vibrante Lumière !
Fée aux ailes de pourpre ! Ange à la harpe d'or !

Il vous aimait aussi le poëte qui dort
Dans la Nuit du Silence ! Hélas ! la lourde pierre
Qui recouvre ses os, pèse moins sur sa bière
Que cette Ombre sans Voix où meurt même la Mort !

C'est l'Art qu'il adorait, Muses, sous vos figures !
Mozart de la Lumière, il rhythmait des peintures,
Titien de l'Harmonie, il peignait des chansons ;

Ses Poëmes-Tableaux charmaient l'Œil et l'Ouïe
Et faisaient ruisseler sur la foule éblouie
La gamme des Couleurs et le prisme des Sons.

LOUIS JUDICIS.

A THÉOPHILE GAUTIER

Poëte, ta ferveur fait grande ta mémoire!
Absorbé tout entier dans ton culte béni,
Tu préféras la Muse à tout, même à la gloire,
Maître! qui dans ton art égalas Cellini.

Amours, honneurs, trésors, tout ce que l'homme envie,
Moins qu'un beau vers touchaient ton cœur épris du beau.
A tout indifférent, tu passas dans la vie,
L'âme et les yeux fixés sur l'idéal flambeau.

Tu ne savais rien voir qu'au jour de sa lumière :
Tu voulais beau le bien et belle la vertu.
Diamant affranchi de sa gangue première
Le vrai ne te charmait que de beauté vêtu.

Des rhythmes d'or portant allègrement la chaîne,
Tu ciselais en vers ton rêve et ton ardeur.
Ton esprit pur de fiel ne connut qu'une haine,
Cette haine du Mal que trahit sa laideur.

Comme l'abeille au lis, l'expression heureuse,
Rimes et mots ailés, accourait à ta voix.
L'image éblouissait dans ta strophe nombreuse,
Les mètres se teignaient de pourpre sous tes doigts.

Le nombre et la couleur, le rhythme au long vocable
Épousaient dans ton vers la ligne au fier contour.
La forme avait ton culte, ô poëte impeccable!
Et de ses dons la forme a payé ton amour.

Artiste exquis, tu fus un ouvrier modèle :
Patient, obstiné, tendant sans cesse au mieux,
Ta pensée et ton cœur, sous ton pinceau fidèle,
En de vivants tableaux se traduisaient aux yeux.

Ta parole peignait; pour toi l'inexprimable
N'existait pas : les mots t'obéissaient soumis.
Mais sévère à toi seul, Maître! ta force aimable
Accueillait tout effort de ses bravos amis.

Dans tes savantes mains la plume du critique
Conseillait sans blesser. Ta clémente équité
Savait mêler l'éloge au blâme sympathique :
Tu fus grand par la force et grand par la bonté.

Et tu pars, et la tombe a clos ta destinée;
Mais de la lice au moins tu sors ayant vaincu.
Tu peux croiser tes bras : ton œuvre est terminée,
Maître! et tu n'es pas mort, toi, sans avoir vécu!

Comme un fleuve dont l'eau féconde au loin les plages,
Pars du sol des vivants sans remords ni regrets :
Tu laisses après toi d'harmonieux feuillages;
L'oiseau du souvenir chante dans ton cyprès.

La Muse romantique au front ceint d'hyacinthe,
Évoquant en son deuil les chants où tu survis,
Debout, veille sur toi, dans l'attitude sainte
D'une mère pleurant au tombeau de son fils.

Près d'elle je viendrai dans mes ferveurs discrètes
Méditer sur ta tombe, au pied des saules verts;
Et, visiteur pieux, sur tes cendres muettes,
Fleurs d'un cœur qui t'aima, j'effeuillerai mes vers.

AUGUSTE LACAUSSADE.

A THÉOPHILE GAUTIER

Fier ami du soleil et des sources rieuses,
Toi qui, du nord au sud, comme un gai vendangeur,
Cueillais sur les chemins tes strophes radieuses,

Déchirant, d'un regard pacifique et songeur,
Le grand voile où dormait la splendeur de la terre,
Te voilà donc remis en route, ô voyageur!

L'Égypte, cette fois, gardera son mystère,
La Castille poudreuse a fermé ses Sierras,
Stamboul ne t'attend plus, ni la Maremme austère,

Et la Grèce à son fils n'a pas tendu les bras.
Plus loin, plus haut tu pars, loin des hommes qui pleurent,
Dans des pays sans nom chercher des Alhambras!

Sans guide, hélas! combien de poëtes demeurent!
Qu'ils retiennent pourtant leurs sanglots et leur cri!
Les temps sont bien passés de plaindre ceux qui meurent,

Et la tombe aux vivants jamais n'a tant souri.
Qu'aurais-tu fait ici? La Discorde maudite,
La Violence infâme ont pour longtemps flétri

Ce cher temple du Monde où, ceint de clématite,
Immobile servant d'un culte déserté,
Tu sonnais, enlacé par l'ombre d'Aphrodite,

Ton hymne mâle et doux à l'antique Beauté!
Noble supplicié des hautes nostalgies,
Mélancolique amant de la Sérénité,

Pars! Tu n'entendras plus, dans nos landes rougies,
Gémir nos morts d'hier sans linceul enterrés
Au sacrilége écho des nouvelles orgies,

Ni le troupeau criard des rhéteurs effarés
S'entre-mordre en livrant la patrie encor chaude
Au viol du lourd Germain tapi dans les fourrés.

Pars! Tu ne verras plus, déguisée en ribaude,
Se vautrer dans les bras avinés des valets,
La Muse au front divin étoilé d'émeraude,

Ni tomber, éventré par les lâches boulets,
Le beau peintre oublieux de l'épouse parée,
Ni pleurer les sculpteurs aux débris des palais!

Mais nous, suivant ta fuite à travers l'empyrée
Où tu bois à longs traits l'azur oriental,
Contemplateur ravi de la forme ignorée,

Nous t'irons voir monter dans les nuits de cristal;
Et tu feras alors scintiller dans sa flamme,
Comme un œil indulgent qui rit au sol natal,

L'astre consolateur où s'enivre ton âme!

GEORGES LAFENESTRE.

A THÉOPHILE GAUTIER

Toi, dont les yeux erraient, altérés de lumière,
De la couleur divine au contour immortel,
Et de la chair vivante à la splendeur du ciel,
Dors en paix dans la nuit qui scelle ta paupière.

Voir, entendre et sentir? Vent, fumée et poussière.
Aimer? La coupe d'or ne contient que du fiel.
Comme un dieu plein d'ennui qui déserte l'autel,
Rentre et disperse-toi dans l'immense matière.

Sur ton muet sépulcre et tes os consumés
Qu'un autre verse ou non les pleurs accoutumés;
Que ton siècle banal t'oublie ou te renomme;

Moi, je t'envie, au fond du tombeau calme et noir,
D'être affranchi de vivre, et de ne plus savoir
La honte de penser et l'horreur d'être un homme.

LECONTE DE LISLE.

A THÉOPHILE GAUTIER

Quand le moissonneur, dès l'aurore,
De ses bras nerveux et hâlés,
Balance, au soleil qui la dore,
Sa faux dans l'épaisseur des blés,

Parfois, de son arme tranchante,
Taillant en aveugle, au hasard,
Il atteint un oiseau qui chante,
Tout à l'ivresse de son art.

Et l'oiseau meurt! Un rêveur passe,
Et dit, surpris, des yeux cherchant :
Ce soir il manque dans l'espace
Un vol, une harmonie, un chant.

Ainsi toujours la Mort promène
Sa faux aux sanglantes lueurs
A travers la mêlée humaine,
Et de nous atteint les meilleurs;

Quelquefois même, à l'improviste,
Dans un seul être, sans merci,
Frappe un poëte, un grand artiste,
Comme l'oiseau chantant aussi.

Et son cœur s'éteint, sa pensée
Dans son front se glace à jamais,
Et son âme, en montant, bercée,
Cherche vers Dieu les hauts sommets.

Et nous, tristes de son absence,
Sur son froid tombeau nous penchant,
Nous disons : Il manque à la France
Un vol, une harmonie, un chant.

LÉOPOLD LALUYÉ.

LA PIERRE DU TOMBEAU

Pour ce néant qui dort en cette nuit de pierre,
L'univers était fait de forme et de couleur.
Pour lui tout, rêve ou chose, amour, joie ou douleur,
Était un mouvement rehaussé de lumière.

Comme une aigue marine il enchâssait un pleur.
Son pouce modelait l'idée ou la matière ;
Son œil par le menu l'embrassait tout entière;
Et le fini du trait n'excluait pas l'ampleur.

Sous un couchant terni par la honte et le doute,
Impassible, il marcha, tant qu'il put sur la route
Voir le reflet lointain d'un lever radieux.

L'aube nouvelle est loin ; il meurt quand la nuit tombe ;
Il s'en va retrouver le soleil dans la tombe,
Pareil à ces anciens que la mort faisait dieux.

ANDRÉ LEFÈVRE.

LA CRYPTE

D'une crypte scellée à peine
Sur un mystérieux trésor,
Filtre un jet de lueur sereine,
Comme d'un triptyque à fond d'or.
Un mot magique ouvre la porte,
Et l'illusion nous transporte
Vivants, dans la région morte
Des paradis orientaux,
Flamboîment où l'œil ne discerne
Que les parois de la caverne
Où l'éclat des gemmes alterne
Avec la splendeur des métaux.

Sur d'épais tapis, des statues
Montrent en riant le chemin ;
La plus belle des moins vêtues
Est Madeleine de Maupin.
Des bas-reliefs, des paysages,
Traduisent en riches images

Tous les climats et tous les âges,
Le spectacle du monde entier.
Un camée au centre rayonne;
Un cercle d'émaux l'environne
Déroulant, comme une couronne,
Ton nom, Théophile Gautier!

A la mesure de leur gloire
Les Rhamsès taillaient des tombeaux
Où la poésie et l'histoire
Viennent projeter leurs flambeaux.
Toi, maître, fort de leur exemple,
Pour faire à ta mémoire un temple
Où la postérité contemple,
Une œuvre digne de l'effort,
Impassible témoin du monde,
Trente ans au-dessus de son onde
Tu poussas ta sape profonde
Dans l'éternité de la mort!

ANDRÉ LEFÈVRE.

A THÉOPHILE GAUTIER

Souple comme un pinceau, ferme comme un burin,
Sa plume merveilleuse, en gravant sur l'airain,
Se trempe aux flots de pourpre et d'or de la fournaise,
Se baigne aux flots d'argent de l'astre Véronèse.

ERNEST LEGOUVÉ.

TOAST FUNÈBRE

O de notre bonheur, toi, le fatal emblème !

Salut de la démence et libation blême,
Ne crois pas qu'au magique espoir du corridor
J'offre ma coupe vide où souffre un monstre d'or !
Ton apparition ne va pas me suffire :
Car je t'ai mis, moi-même, en un lieu de porphyre.
Le rite est pour les mains d'éteindre le flambeau
Contre le fer épais des portes du tombeau :
Et l'on ignore mal, élu pour notre fête
Très-simple de chanter l'absence du poëte,
Que ce beau monument l'enferme tout entier :
Si ce n'est que la gloire ardente du métier,
Jusqu'à l'heure dernière et vile de la cendre,
Par le carreau qu'allume un soir fier d'y descendre
Retourne vers les feux du pur soleil mortel !

Magnifique, total et solitaire, tel
Tremble de s'exhaler le faux orgueil des hommes.

Cette foule hagarde ! elle annonce : Nous sommes
La triste opacité de nos spectres futurs !
Mais le blason des deuils épars sur de vains murs,
J'ai méprisé l'horreur lucide d'une larme,
Quand, sourd même à mon vers sacré qui ne l'alarme,
Quelqu'un de ces passants, fier, aveugle et muet,
Hôte de son linceul vague, se transmuait
En le vierge héros de l'attente posthume.
Vaste gouffre apporté dans l'amas de la brume
Par l'irascible vent des mots qu'il n'a pas dits,
Le néant à cet Homme aboli de jadis :
« Souvenir d'horizons, qu'est-ce, ô toi, que la Terre? »
Hurle ce songe; et voix dont la clarté s'altère,
L'espace a pour jouet le cri : « Je ne sais pas ! »

Le Maître, par un œil profond, a, sur ses pas,
Apaisé de l'éden l'inquiète merveille
Dont le frisson final, dans sa voix seule, éveille,
Pour la rose et le lis, le mystère d'un nom.
Est-il, de ce destin, rien qui demeure? Non.
O vous tous ! oubliez une croyance sombre.
Le splendide génie éternel n'a pas d'ombre.
Moi, de votre désir soucieux, je veux voir,
A qui s'évanouit, hier, dans le devoir
Idéal que nous font les jardins de cet astre,
Survivre pour l'honneur du tranquille désastre
Une agitation solennelle par l'air
De paroles, pourpre ivre et grand calice clair,
Que, pluie et diamant, le regard diaphane

Resté-là sur ces fleurs dont nulle ne se fane,
Isole parmi l'heure et le rayon du jour!

C'est de nos vrais bosquets déjà tout le séjour,
Où le poëte pur a pour geste humble et large
De l'interdire au rêve, ennemi de sa charge :
Afin que le matin de son repos altier,
Quand la mort ancienne est comme pour Gautier
De n'ouvrir pas les yeux sacrés et de se taire,
Surgisse, de l'allée ornement tributaire,
Le sépulcre solide où gît tout ce qui nuit,
Et l'avare silence et la massive nuit.

STÉPHANE MALLARMÉ.

LE MAL DU POËTE

Je n'ai jamais cru, maître auguste,
A ta placidité sans fin :
Plus d'un gourmet souffre la faim
Devant le plat d'or qu'il déguste.

Ces délicats qu'on juge heureux
Au banquet de leur fantaisie,
Ont des fatigues d'ambroisie
Dans leurs appétits douloureux.

Tous ceux dont l'oreille est si tendre,
Tous ceux dont l'œil est si perçant,
Épris d'un idéal absent,
Voudraient mieux voir et mieux entendre.

L'artiste lutte obscurément
Au plus profond de sa cervelle :
Chaque beauté qu'il nous révèle
Garde le secret d'un tourment !

Ce qu'il nous prodigue et nous livre,
C'est sa substance, c'est sa chair!
Son moindre rêve coûte cher :
Il meurt dans sa toile ou son livre!

Tant de visions, dans les airs
Flottant au hasard confondues;
Tant de sonorités perdues
Qu'on voudrait fixer en concerts;

Tant de tableaux qu'on voudrait peindre,
De parfums qu'on voudrait humer,
De formes qu'on voudrait aimer,
D'horizons qu'on voudrait atteindre,

Font un supplice qui n'est su
Que de ces martyrs, fous ou sages,
Dont nous scrutons les fiers visages,
Où nul effort n'est aperçu!

Ton impassible quiétude,
Comme un masque toujours serein,
Des psychologues d'outre-Rhin
Eût défié la longue étude.

Tout voyant semble un endormi :
Qui peut oublier ou décrire
Le mystère de ton sourire
Et de tes yeux clos à demi?

On aurait dit que ta paupière
Redoutait nos tristes réveils !
Il faut de plus ardents soleils
A ces amants de la lumière !

Même aux regards de l'amitié,
Tu simulais l'indifférence,
Pour mieux voiler une souffrance
Qui se dérobe à la pitié.

La mort a fini cette guerre
Où l'athlète que rien n'abat
Se livre à soi-même un combat
Qui reste ignoré du vulgaire.

Retourne à l'immense inconnu !
Prends dans tes étreintes puissantes
Les figures éblouissantes
Dont ton rêve s'est souvenu !

Chercheur de plages chimériques,
De mer en mer toujours trompé,
A nos mensonges échappé,
Vole aux divines Amériques !

Laisse-nous les pâles décors,
Les teints flétris, les molles danses :
Les âmes ont des confidences
Plus merveilleuses que le corps !

Quitte ces fantômes sans nombre
Que ton amour avait fêtés;
Touche enfin les réalités
Dont tu ne caressais que l'ombre!

Le sommeil calme et souriant
Qui dans la tombe t'accompagne
A plus de couleurs que l'Espagne
Et de rayons que l'Orient!

EUGÈNE MANUEL.

L'AUVERGNE

AU TOMBEAU DE GAUTIER

Stant manibus aræ.

Gautier! poëte illustre! ô maître sans pareil,
Toi qui savais fixer les rayons du soleil
Dans ta phrase sonore, ou d'un reflet de lune
Éclairer l'Océan brisé contre la dune,
Voyageur inspiré dont le regard de feu
Au delà du réel s'élançait jusqu'à Dieu,
Qui traversas l'Europe, et l'Afrique, et l'Asie,
Faisant partout jaillir des flots de poésie,
Admirateur pieux du monde oriental,
Je te salue, au nom de mon pays natal,
Et je viens aujourd'hui, dans ma douleur amère,
Prenant le deuil au nom de l'Auvergne, ma mère,
Mêler aux noirs cyprès, ornements du tombeau,
Des branches de laurier, de chêne et de bouleau.

On se souvient de toi dans la salle gothique

Du vieux château bâti sur le roc granitique,
Dans cette salle d'arme où tu causais le soir,
On dit tout bas : C'est là que Gautier vint s'asseoir.
Car nos vieux troubadours ont tressailli naguère,
Lorsque tu parcourais l'Auvergne, avant la guerre,
Et que tes yeux lisaient dans notre ciel d'azur.
Enivré de parfums, de lumière et d'air pur,
Écoutant les chansons naïves des faneuses,
Tu marchais à travers nos plaines sablonneuses,
Comme les Dieux, exempt d'espoir et de souci.
Sur les sommets du Puy-de-Dôme et du Sancy,
Nous avons contemplé ta tête sculpturale.
Tu vis Clermont avec sa vieille cathédrale,
Clermont où dort Desaix à côté de Pascal.
Puis saluant Lezoux d'un sourire amical,
Tu vis se dérouler aux pieds de la montagne
La Varenne fleurie et la blonde Limagne.
Tu vis Thiers, ville noire et ses noirs habitants,
Et ce pays où s'est écoulé mon printemps,
Pays cher à mon cœur, avec sa tour du More
Et ses cours d'eau plaintifs, la Dore et la Dolore.

J'espérais voir un jour, ô peintre sans rival,
Après l'Espagne, après le monde oriental,
Dans un de ces tableaux tracés de main de maître,
Mon Auvergne vivante et joyeuse apparaître,
Avec ses châteaux-forts pleins de vieux souvenirs,
Ses horizons frangés de pourpre et de saphirs,
Ses moissons, ses volcans et ses neiges sans tache.

Mais quel homme ici-bas peut achever sa tâche?
La mort est là qui rôde épiant les meilleurs.
Ta palette est brisée et ses vives couleurs
Ne luiront plus. Adieu, poëte, grand génie,
Qui t'arrêtas un jour dans l'antique Arvernie,
Et qui dus conserver, au suprême départ,
L'azur de notre ciel au fond de ton regard.

GABRIEL MARC

ÉPITAPHE

Jeunes vierges, versez, avec de belles poses,
Versez des fleurs! Celui qui dort dans ce tombeau
Aima d'un noble amour les vierges et les roses.

Jeune pâtre, conduis ton docile troupeau
Vers ce tertre! Celui dont les lèvres sont closes
Paissait les rhythmes d'or sur les hauteurs du Beau.

Sur ce front éclairé, vivant, d'apothéoses,
Allume, ardente nuit, ton multiple flambeau;
Cygnes, pour ce chanteur chantez, doux virtuoses!

Mais tous, vierges et fleurs, pâtres, étoile, oiseau,
Ne pleurez pas, malgré la plus juste des causes,
Car celui qui dort là dans un blême lambeau

Sut regarder sans pleurs les hommes et les choses.

CATULLE MENDÈS.

A THÉOPHILE GAUTIER

Comme les Grecs ouvrant les yeux à la Beauté,
Voyaient avec le jour la mer bleue et les îles,
L'éclat fin des couleurs et les formes tranquilles,
Sous le ciel transparent et calme de l'été;

Ainsi, maître de grâce et de sérénité,
Maître du rhythme grave et des strophes agiles,
Pour fuir l'aspect du mal qui tord nos corps fragiles,
Tu tenais vers le Beau ton regard arrêté.

Un autre âge eût plus haut proclamé ton génie :
Car les hommes parfois, épris de l'harmonie,
Dressèrent des autels aux êtres radieux,

O Sage, né du sang de l'aurore première,
Qui répandis longtemps pour ce siècle sans Dieux
Ton esprit magnifique, aimé de la lumière !

ALBERT MÉRAT.

SUS LA MORT DE GAUTIÉ

La Roso dou matin au vespre toumbo flour;
L'Aucèu, un moumenet, canto entre dos tempèsto;
Lou Lioun subre-fort peris pèr sa valour;
La Femo vai plourant lou rire de sa fèsto.

La Jouvènço fai gau, mai s'encour à la lèsto;
L'Amour, tant dous au cor, enfanto la doulour;
La Glori a bèu lusi, noun es qu'un fum de tèsto;
L'Engèni, fiéu dou Cèu, s'embrounco à la malour.

Au meiour, au plus bèu, au plus grand, au plus miste,
Fau de-longo eiçabas que l'auvàri contro-iste,
Pèr nous prouva que Soul quaucun règno amoundaut.

Countemplaire auturous dou revoulun fatau,
Fau que cale, éu peréu, lou pouèto inmourtau!
En Diéu tout se profoundo : es d'aco que sian triste.

F. MISTRAL.

A THÉOPHILE GAUTIER

Pauvre Gautier! Il n'est plus là,
Sa riche humeur nous est ravie...
La montagne à peine gravie,
L'âme disparaît au delà...
Hélas! que d'esprit s'en alla,
 Et quelle vie!

Comme il emmenait en riant
Toutes les muses, ses compagnes,
Par monts et vaux, bois et campagnes,
Dans un monde luxuriant :
A Venise, entre l'Orient
 Et les Espagnes!

Jusqu'au bout l'heureux ciseleur
Avec sa grâce coutumière
A gardé sa force première;
Et quel entrain, quelle chaleur!
Quelles fanfares de couleur
 Et de lumière!

Poëte, on dit que tu dormais
Dans ta sereine indifférence,
Libre d'amour et de souffrance,
Glacé comme les hauts sommets...
Je sais pourtant que tu l'aimais,
    Ta chère France!

Que tu lui revins tout entier,
Doux et triste à la dernière heure,
Que l'art sans flamme intérieure
N'est qu'un misérable métier;
Que tu pleuras, pauvre Gautier,
    Et qu'on te pleure!

MARC-MONNIER.

ÉPITAPHE

Passant, celui qui dort là-dessous eut toujours
L'horreur du froid bon sens et de la prose impie :
De la lyre il fit ses amours,
Et vécut et mourut martyr de la copie.

MONSELET.

A FUNERAL SONG

FOR THÉOPHILE GAUTIER

What shall our song be for the mighty dead,
  For this our master that is ours no more?
  Lo! for the dead was none of those that wore
The laurel lightly on a heedless head,
Chanting a song of idle lustihead,
  Among the sun-kissed roses on the shore!
  This our beloved, that is gone before,
Was of the race of heroes battle-bred,
That from the dawn-white to the sunset-red
      Fought in the front of war!

Lo! this was he that in the weary time,
  In many a devious and darkling way,
  Through dusk of doubt and thunder of dismay
Held our hearts hopeful with his resonant rhyme,
Lifting our lives above the smoke and slime
  Into some splendid summer for away,
  Where the sun brimmed the chalice of the day
With gold of heaven and the accordant chime

Of woods and waters to the calm sublime
        Sent up their roundelay!

This was our poet in the front of faith!
   Our singer gone to his most sweet repose,
   Sped to his summer from the time of snows
And winter winding all the world with death; —
Who shall make moan or utter mournful breath
   That this our noblest one no longer knows
   Our evil place of toil and many woes,
Lying at the last where no voice entereth?
Who shall weave for him other than a wreath
        Of laurel and of rose?

Hence with the cypress and the funeral song!
   Let not the shrill sound of our mourning mar
   His triumph, that upon the Immortals' car
Passes, star-crowned; but from the laurelled throng,
That stand await, let every voice prolong
   A noise of jubilance, that from afar
   Shall hail in heaven the new majestic star
That rises, with a radiance calm and strong,
To burn for ever, unobscured, among
        The courts where the Gods are!

Ay, let the trumpets and the clarions blow,
   The air rain roses and the sky resound
   With harpings of his peers that stand around,
The while the splendours of the triumph go

Along the streets and through the portico!
  I too, who loved the dead, as from the ground
  The glowworm loves the star, will stand, brow-bound
With winter-roses, in the sunset-glow,
And make thin music, fluting soft and low
    Above his funeral mound!

I too, who loved him, from beyond the sea
  Add my weak note to that sublime acclaim,
  That, soaring with the silver of his name,
Shall shake the heavens with splendid harmony,
Till all who listen bend in awe the knee,
  Seeing a giant's spirit, like a flame,
  Returning to that heaven from whence it came,
And many weep for very shame, to see
The majesty they knew not, till 'twas free
    From earthly praise or blame!

Hail, O our master! From the hastening hours
  This one we set above its grey-veiled peers,
  Armed with thy name against the night that nears!
We crown it with the glory of the flowers,
We wind it with all magic that is ours
  Of song and hope and jewel-coloured tears;
  We charm it with our love from taint of fears;
We set it high against the sky that lowers,
To burn, a love-sign, from the topmost towers,
    Through glad and sorry years.

JOHN PAYNE.

ODE

Je te salue, ô Maître,
Qui, charmé de connaître
L'idéal le plus beau,
    Vas au tombeau,

Au grand tombeau nocturne
Où, dans les flancs de l'urne,
Veille pour le devin
    Un sombre vin.

Heureux qui, dans l'ivresse,
Paisible et vengeresse,
Que tu goûtes dès lors,
    Sublime, dors.

Le siècle qui s'écroule,
Épouvantable, roule
Ses fracas de vapeurs
    Parmi nos peurs.

Mais ce coucher du rêve,
Dans une riche trêve,
A teint d'ors louangeurs
Et de rougeurs

Ta tombe aux mornes voiles
Dont, vers un ciel d'étoiles,
Tout entière, s'enfuit
La triste nuit.

O sépulcre ! non : temple
D'où, statue au vol ample,
Ta gloire grandira
Et planera

Par-dessus l'homme terne
Et lourd qui se prosterne,
Et, fils aux fiers genoux,
Par-dessus nous !

Cette auguste maîtresse
Qui mêlera sa tresse,
Lorsque nous nous tairons,
A ses clairons,

Par sa majesté nue
Éblouissant la nue
Au fond du vaste azur
Toujours plus pur,

Avec ton Ombre éprise
De clarté, qui méprise
La Mort et le vain soir,
  Ira s'asseoir !

***

Je te salue, ô Maître
Qui mènes encor paître,
Ton sceptre sur leurs reins,
  Les chœurs sereins

Des célestes Pégases,
Dont les ailes de gazes
Résignent leur grand vol
  Sur notre sol,

Où le dur sabot sonne
Un rhythme que personne
Jamais n'ouït avant
  Leur pas savant.

Nulle autre apothéose !
Le divin Gautier ose
Dans l'antique verger
  Être berger :

Oui ! tant que la verdure
Élyséenne dure
Sur sa tête, j'entends,
    Vainqueurs des temps,

Non l'éclat que répète
Quelque illustre trompette,
Mais les chevaux hennir
    Dans l'avenir.

JOHN PAYNE.

A THÉOPHILE GAUTIER

Hélas! en vain ma lyre évoque l'harmonie,
L'Écho reste muet aux accents de ma voix,
Et, sous leurs fronts voilés, les Muses aux abois
Versent des pleurs émus sur ce fécond génie!

Tu n'es plus! O poëte à la grâce infinie
Dont les brillants récits alliaient à la fois
Aux splendeurs d'Orient le charme de nos bois,
Tu dors du long sommeil sous la feuille jaunie!

Sur nous la sombre mort frappe de toute part;
Tour à tour elle prend ces champions de l'Art
Dont notre cœur en deuil révère la mémoire;

Mais, Gautier, de ton nom que rien ne peut ternir,
Les générations sauront se souvenir,
Et tes œuvres vivront pour rappeler ta gloire!

J. PERCHE.

RÉSURRECTION

Ciseleur merveilleux, ô grand peintre, ô poëte!
Jusqu'au suprême adieu, fier disciple du Beau;
Toi qui, sans te lasser, luttant comme un athlète,
De l'Art portais si haut l'étincelant flambeau;

Ta main est donc rigide et ta lèvre muette?...
Dans l'air a croassé le sinistre corbeau :
Le soleil d'Orient s'éteint sur ta palette,
Et sur toi va peser le marbre du tombeau!

Ces yeux, hier encore avides de lumière,
N'auront plus de regard. A l'étroit dans sa bière,
Le voilà, loin du jour, hélas! enseveli.

Maître, tu peux dormir! La Muse éblouissante
Émerge du cercueil; et ton œuvre puissante,
Charmant tous les esprits, saura vaincre l'Oubli.

ALEXANDRE PIEDAGNEL.

A THÉOPHILE GAUTIER

Donc, poëte immortel, te voilà mort aussi,
Gautier; tu suis Dumas, Regnault et Lamartine;
A dépeupler nos rangs l'avide Mort s'obstine,
Et la faux du vieillard travaille sans merci.

Comme ces combattants qui voient tomber un brave
Se regardent, muets, et craignant d'avancer;
Devant ce grand cercueil nous n'osons pas penser :
D'un suprême malheur notre malheur s'aggrave.

Le ciel est rouge encor de l'ardeur des brasiers,
Paris s'abîme et meurt comme Numance et Troie,
Et vous voulez encore une nouvelle proie,
Tombeaux que tant de morts n'ont pas rassasiés!

Pour manger le pain noir pétri de féverolle,
Pour souffrir comme tous tu revins parmi nous;
(A ce vieillard le sort des jeunes semblait doux)
Parmi les plus vaillants tu remplis bien ton rôle.

Quand Paris, ce grand corps par la faim abattu,
Tomba, que l'ennemi fit chez nous son entrée,
Tu refis ta maison, par la bombe éventrée
En soldat fatigué d'avoir bien combattu.

Tu repris tes amis, ton coin de feu, ton livre
Et ton chat familier dans tes bras caressé;
Tu revis le soleil, songe presque effacé
Et l'inspiration, qui transporte et délivre;

Le loisir du penseur, le juste et bon repos,
La muse qui nous fait aller à la dérive...
Un an, et puis la mort sournoisement arrive
Le jour où sur la hampe on roule les drapeaux.

Dieu t'épargna pourtant l'horreur de l'agonie;
En poëte, narguant la mort et son affront,
Muet, sans que le mal assombrît ton beau front,
Tu mourus calme, ainsi qu'un sage d'Ionie.

Le ciel s'ouvre pour toi. Va d'un vol éclatant
Au milieu des parfums, au milieu des musiques,
Prendre possession des paradis physiques
Où des grands immortels la cohorte t'attend.

La troupe des Wilis inclinera les anses
Des brocs d'or où la soif des dieux peut s'apaiser,
Et tendant leurs fronts ceints de fleurs à ton baiser
Les légères Péris interrompront leurs danses,

Au bruit des sistres d'or, au bruit des chutes d'eaux
Dans des palais emplis de divins dialogues,
Virgile, te cherchant, te dira ses églogues,
Et des voix chanteront claires sous des rideaux.

Dans ce ciel, au delà des immensités bleues
Monte prendre ton rang, toi si pur, toi si bon!
Notre univers mesquin, enfumé de charbon,
Est séparé de toi par d'innombrables lieues.

Sur le poëte mort chantez, musiciens,
Poëtes, entonnez le suprême cantique,
Pour chanter dignement la mort d'un homme antique
Retrouvez, s'il le faut, des modes anciens;

Et maintenant, sculpteurs, taillez vos plus beaux marbres
Pour celui qui, vivant, aimait le marbre et l'or;
Et, de peur d'éveiller le doux vieillard qui dort,
Tombez bien doucement, feuilles jaunes des arbres.

AMÉDÉE PIGEON.

LE TRIOMPHE DE LA MORT

I.

Tant et si bien chanté par la mélancolie,
Campo-Santo, peuplé des rêves d'Orgagna!
Nous aimons, sur leur fresque impunément vieillie,
Les trois cercueils royaux que le maître aligna.

L'un des morts a gardé la ressemblance humaine,
Mais verdi, boursouflé de putrides ferments;
Le second, un fouillis où le ver se promène;
Le troisième n'est plus qu'un ramas d'ossements.

Des dames, des seigneurs, en longue cavalcade,
D'hermine revêtus, frisés et bien nourris,
Les faucons et les chiens complétant la parade,
Trouvent, au pied d'un mont, ces effrayants débris.

Là-haut, tout près du ciel, exemples salutaires
Du calme reconquis dans les austérités,
Le peintre nous fait voir deux pauvres solitaires;
La belette et la grue errent à leurs côtés.

Mais, en bas, les bosquets sont remplis de victimes,
Et les démons, pareils à des chauves-souris,
Sous la forme d'enfants emportent aux abîmes
Les âmes d'amoureux, par leurs griffes surpris.

Le triomphe éternel que le destin t'assure,
O Faucheuse et Camarde! ainsi, bien avant nous,
Le rendit, dans des jours de meurtre et de luxure,
Le vieux maître croyant qui peignait à genoux!

II.

Quel temple, tôt ou tard, ne manque de lévite?
Quel dieu ne voit venir l'heure d'être embaumé?
Toute croyance meurt, et sa chimère habite
Le tombeau des aïeux, sur elle refermé.

Mais, comme aux jours naïfs, dans un siècle incrédule,
Le souci de la mort nous ronge et nous pâlit.
Distraits sur le théâtre où le sort nous accule,
Sans cesse nous rêvons de notre dernier lit!

Le poëte, à présent cousu dans son suaire,
Dressa le monument de notre désespoir,
Et son œuvre est un vaste et magique ossuaire
Avec des pleurs d'argent sur des fonds de drap noir.

Sa muse, c'est partout, c'est toujours Véronique :
Un caprice la prend de se mettre du fard,
Pimpante, de vêtir une riche tunique,
De mêler des bijoux et des fleurs avec art;

Mais, que sonne minuit à l'horloge fatale,
L'amoureuse trahit son horrible secret,
Et malgré les débris du luxe qu'elle étale
Tout artifice est vain, le squelette apparaît.

Pisans! soyez jaloux : pour la suite des âges,
Nous avons, nous Français, notre Campo-Santo,
Où se multiplîront les saints pèlerinages
Des générations, pliant sous leur fardeau.

FRÉDÉRIC PLESSIS.

SUR LA TOMBE

DE THÉOPHILE GAUTIER

Fier moissonneur du Beau, dors couché sur ta gerbe!
Dors, l'auréole au front, sur ton œuvre superbe,
O poëte parti pour l'immortalité,
Avec ta prose peinte et ton beau vers sculpté!

C'est le Ciel maintenant qui remplit ta prunelle.
Si là-haut, aux heureux de la vie éternelle
Tu le décris, ainsi que la Terre autrefois,
Ils croiront voir le Ciel pour la première fois!

LOUIS RATISBONNE

AVATAR

Dans l'Iran, à douze cents lieues,
Un vieux palais étale encor
Ses faïences rouges et bleues,
Avec des arabesques d'or.

Ce palais est près d'une route
Où les caravanes s'en vont,
Comptant leur eau, goutte par goutte,
Sous la chaleur du ciel profond.

Dans ce palais, un homme habite,
Un beau jeune chef de tribu,
Mi-soldat et mi-cénobite,
Brun, large d'épaule et barbu.

Pour quelques tomans, il protége,
Avec ses cavaliers hâlés,
Les voyageurs contre le piége
Des brigands dans les défilés.

Hier, il a, dans sa retraite
Effondrée à bien des endroits,
Amené la vierge parfaite
Dont le henné rougit les doigts.

Et l'on a fait parler la poudre
Dans le long cortége éclatant
Qui galopait comme la foudre
Pour s'arrêter net à l'instant.

Là, celui qui des beaux costumes
Et du grand soleil eut l'amour,
Le poëte, mort dans nos brumes,
Veut reprendre une place au jour.

Dans le premier baiser du maître
Et de l'épouse, il s'est glissé,
Pour être le fruit qui doit naître
Où la fleur d'amour a poussé.

Il sera beau comme son père,
Et ses cavaliers le craindront,
Comme un lion dans son repaire,
En lui voyant plisser le front.

Il sera fastueux et digne,
Aimant la guerre et le ciel bleu;
Il n'écrira pas une ligne,
Et ne saura lire qu'un peu.

Mais, pour animer quelque histoire,
Vienne un conteur lui déclamer
Un ghazel d'Hafiz qui veut boire,
Ou de Djâmi qui veut aimer;

Il cherchera dans sa pensée,
Par delà le présent connu,
Ce que la langue cadencée
A pour lui de ressouvenu;

Et ne comprenant rien au rêve
Qui n'a point d'application,
Il s'en ira tracer du glaive
Quelque poëme en action!

ARMAND RENAUD.

A THÉOPHILE GAUTIER

Si la Mort a comblé de nuit et de mystère
Ta tête merveilleuse, atelier précieux
Où chaque vision qui passait par tes yeux
Venait se colorer de leur vive lumière;

Elle n'éteindra pas la splendide matière
Où vivront éternels tes rêves radieux;
Dans la gloire éclatante et sereine des Dieux
Qui, d'un geste de marbre, illuminent la terre,

Et, les regards fixés devant eux, sans rien voir,
Insoucieux du temps ne daignent pas savoir
S'ils reluisent d'en haut dans les ombres du monde,

L'astre doux et lointain, dédaigneux de la mer
Qui lave sa clarté palpitante et profonde,
Ignore son reflet dans ce miroir amer.

LOUIS XAVIER DE RICARD.

IN ALTIS

Tu fus l'époux de la souveraine beauté :
Ton œil sut le secret de la forme première,
Ton âme pénétra l'âme de la lumière,
Ta lèvre but au lac de la sérénité.

Semblable aux dieux vainqueurs, tu n'avais pas dompté
Le cœur de l'Indomptable avec une prière.
Son amour égalait la tienne. Elle était fière
De toi d'une fierté pareille à ta fierté.

Amants loyaux voués aux noces éternelles,
Vous vous fîtes un lit en repliant vos ailes,
Valve blanche voguant parmi la mer des cieux.

Et vous n'eûtes pas même un dédaigneux sourire
Pour les hommes qui croient connaître et qui croient dire
Celle dont la splendeur ne veut pas de leurs yeux.

GUSTAVE RINGAL.

A THÉOPHILE GAUTIER

Exegi monumentum ære perennius.
Hor.

Quand après soixante ans de vaillance, d'efforts,
Et de combats, les vieux paladins étaient morts,
Leur grande armure vide adossée aux murailles,
Tenant en main l'estoc des anciennes batailles,
Restait debout! — Et tous ces spectres décevants
Ressuscitaient les morts aux regards des vivants!

Puis, sous les noirs arceaux des hautes basiliques,
On couchait leurs corps froids dans les caveaux gothiques,
Et les sculpteurs, taillant le marbre ou le granit,
Dressaient ces chevaliers sur leur tombeau bénit,
Et, tandis que leurs os s'en allaient en poussière,
Ils revivaient encor dans ces héros de pierre.

Jusqu'aux siècles futurs, pour passer tout entier,
Toi, tu n'as pas besoin, ô poëte, ô Gautier,
Qu'une main, écartant les plis de ton suaire,
Découvre ton grand front! ni que le statuaire
Pétrissant son argile et coulant son airain,
Élève sous nos yeux ton buste souverain.

Car tout ton œuvre est là ! Drame, Roman, Poëme ! —
En ciselant ton vers, tu t'es sculpté toi-même
Un monument cent fois plus durable et plus beau
Que les inscriptions au marbre d'un tombeau !
Et tu revis bien mieux qu'aux traits d'une statue,
Par le Temps mutilée, ou par l'homme abattue,

Dans ces fils, d'une gloire immortelle vêtus !
— Vois ! depuis Sigognac, jusqu'au pâle Albertus,
Tous sont debout, puissants, acclamés et splendides,
Et le Temps à leur front ne mettra point de rides ;
Tu leur donnas la vie ! et tu vivras par eux,
Et tous diront ton nom à nos petits-neveux ! —

GUSTAVE RIVET.

RÉSURRECTION DE LAZARE

Or, Lazare dormait une éternelle nuit
Après une longue agonie;
Pour le rendre à ses sœurs, le Seigneur fut conduit
Près de sa tombe, en Béthanie:

Là, les regards levés vers la sainte patrie,
Ayant frissonné, puis pleuré,
Une main étendue et d'un ton inspiré,
Jésus, devant Marthe et Marie,

Fortement s'écria : Lazare, levez-vous!
Et de la grotte alors se soulève la pierre,
Et Lazare, debout, se dresse dans sa bière,

Et les pharisiens sont tombés à genoux,
Et du ciel entr'ouvert descendent des archanges
Qui de l'homme divin célèbrent les louanges.

SALLES.

A THÉOPHILE GAUTIER

Elle est amère et douce, elle est méchante et bonne.
(Comédie de la Mort.)

Regrets, effeuillez-vous au pied de son tombeau;
Comme une théorie autour d'un marbre antique,
Douleurs, pleurez en lui l'Idéal et le Beau.

O rhythmes qu'il aimait, célébrez le cantique
D'adieu, l'hymne d'hommage et d'immortalité;
Glorifie, Art serein, le parfait Romantique!

Nous qui, pour lui, déjà sommes postérité,
Admirant dans son œuvre une âme encor plus belle,
Nous garderons au cœur son nom ressuscité.

Il s'était asservi la nature rebelle;
On eût dit qu'oubliant l'épreuve avec dédain,
Son esprit lui créait une fête éternelle,

Et qu'il ne voyait pas, le poëte divin,
Celle qu'il appelait la méchante et la bonne,
La Mort se rapprocher pas à pas, et soudain

Venir lui mettre au front l'étoile et la couronne.

LOUISA SIEFERT

A THÉOPHILE GAUTIER

O Maître, il ne sied pas qu'on l'omette ou l'oublie :
Avant que, par ton art sûr, la rime assouplie,
Du brasier romantique ardente et rude encor,
Comme aux doigts d'un vannier, courût en tresses d'or
Et, se croisant ainsi que des rayons d'étoiles,
Tendît le ciel nouveau de lumineuses toiles
Où se prennent nos yeux dans un enchantement;
Avant que de sertir d'astres le firmament
Où la Muse reçoit ses esclaves, — nos maîtres, —
O doux chercheur du Beau qui partout le pénètres,
Comme un bon ouvrier qui tente avant d'agir,
Tu fis, sous le pinceau, prendre corps et surgir
La nudité du Rêve obscur de tes prunelles :
Et, la voyant pareille aux choses éternelles,
Digne des cieux où tout est immuable et pur,
Désertant les couleurs, tu courus à l'azur
Pour y tailler, en plein infini, ta pensée.
— Il ne te resta rien de l'épreuve passée
Que la pitié sereine et douce du réel.

Car tu le savais, Toi, que l'Immatériel
Sur les regards humains n'entr'ouvre la paupière
Qu'à celui qui tenta, sur la toile ou la pierre,
Si l'image du Beau peut tenir sous son front.
— Tu savais que, le jour où les dieux tomberont
Des cadres vermoulus et des piédestaux sombres,
Sur l'âme des rêveurs se coucheront des ombres
Et que tout sera dit de ce qui seul était.
Donc, tous ceux que le mal auguste tourmentait
D'éveiller les esprits endormis sous les choses,
De creuser le secret lent des métamorphoses,
Fils de Pygmalion perdus sur le chemin,
S'éclairaient aux rayons de ton art surhumain,
Jeune dieu qui savais ce que souffrent les hommes!
— Et, pour leur enseigner que le peu que nous sommes
Est le germe pourtant d'une immortalité,
De leur propre labeur dégageant la Beauté,
Au moule d'une langue impérissable et brève,
Tu coulais, devant eux, l'or vivant de leur rêve
Et disais : C'est cela que vous avez voulu!
Ils ne le savaient bien que lorsqu'ils t'avaient lu,
Sublime redresseur des choses mal venues.
Car le spectre divin des Immortelles nues,
Longtemps avant l'azur où tu fuis loin de nous,
Habitait dans tes yeux inflexibles et doux.
— Atlas vainqueur, enfin patient de la Terre,
Possédant le secret et la cadence austère
Des formes où revit le souvenir des dieux,
Dans le rhythme puissant des mots mélodieux,

Ta bouche en révélait sans cesse la merveille.
— O Maître, si tu dors, ton œuvre sacré veille
Où tout ce qui fut Toi brille comme un flambeau,
Jeune Dieu, fils de l'Aube et vainqueur du tombeau !

ARMAND SILVESTRE.

THÉOPHILE GAUTIER

Maître, qui, du grand art levant le pur flambeau,
Pour consoler la Chair besoigneuse et fragile,
Rendis sa gloire antique à cette exquise argile,
Ton corps va donc subir l'outrage du tombeau!

Ton âme a donc rejoint le somnolent troupeau
Des ombres sans désirs, où l'attendait Virgile,
Toi qui, né pour le jour d'où le trépas t'exile,
Faisais des Voluptés les prêtresses du Beau!

Ah! les dieux (si les dieux y peuvent quelque chose)
Devaient ravir ce corps dans une apothéose,
D'incorruptible éther l'embaumer pour toujours,

Et l'âme! l'envoyer dans la Nature entière,
Savourer librement, éparse en la matière,
L'ivresse des couleurs et la paix des contours!

SULLY PRUDHOMME.

SONNET

(With a copy of MADEMOISELLE DE MAUPIN).

This is the golden book of spirit and sense,
The holy writ of beauty; he that wrought
Made it with dreams and faultless words and thought
That seeks and finds and loses in the dense
Dim air of life that beauty's excellence
Wherewith love makes one hour of life distraught
And all hours after follow and find not aught.
Here is that height of all love's eminence
Where man may breathe but for a breathing-space
And feel his soul burn as an altar-fire
To the unknown God of unachieved desire,
And from the middle mystery of the place
Watch lights that break, hear sounds as of a quire,
But see not twice unveiled the veiled God's face.

SWINBURNE.

MEMORIAL VERSES

ON THE DEATH

OF THEOPHILE GAUTIER

Death, what hast thou to do with me? So saith
Love, with eyes set against the face of Death;
    What have Idone, o thou strong Death, to thee,
That mine own lips should wither from thy breath?

Though thou be blind as fire or as the sea,
Why should thy waves and storms make war on me?
    Is it for hate thou hast to find me fair,
Or for desire to kiss, if it might be,

My very mouth of song, and kill me there?
So with keen rains vexing his crownless hair,
    With bright feet bruised from no delightful way,
Through darkness and the disenchanted air,

Lost Love went weeping half a winter's day.
And the armed wind that smote him seemed to say,
    How shall the dew live when the dawn is fled,
Or wherefore should the Mayflower outlast May?

Then Death took Love by the right hand and said,
Smiling : Come now and look upon thy dead.
　But Love cast down the glories of his eyes
And bowed down like a flower his flowerless head.

And Death spake, saying : What ails thee in such wise,
Being god, to shut thy sight up from the skies?
　If thou canst see not, hast thou ears to hear?
Or is thy soul too as a leaf that dies?

Even as he spake with fleshless lips of fear,
But soft as sleep sings in a tired man's ear,
　Behold, the winter was not, and its might
Fell, and fruits broke forth of the barren year.

And upon earth was largess of great light,
And moving music winged for world-wide flight,
　And shapes and sounds of gods beheld and heard,
And day's foot set upon the neck of night.

And with such song the hollow ways were stirred
As of a god's heart hidden in a bird,
　Or as the whole soul of the sun in spring
Should find full utterance in one flower-soft word,

And all the season should break forth and sing
From one flower's lips, in one rose triumphing;
　Such breath and light of song as of a flame
Made ears and spirits of them that heard it ring.

And Love beholding knew not for the same
The shape that led him, nor in face nor name,
  For he was bright and great of thews and fair,
And in Love's eyes he was not Death but Fame.

Not that grey ghost whose life is empty and bare
And his limbs moulded out of mortal air,
  A cloud of change that shifts into a shower
And dies and leaves no light for time to wear :

But a god clothed with his own joy and power.
A god rerisen out of his mortal hour
  Immortal, king and lord of time and space,
With eyes that look on them as from a tower.

And where he stood the pale sepulchral place
Bloomed, as new life might in a bloodless face,
  And were men sorrowing came to seek a tomb
With funeral flowers and tears for grief and grace,

They saw with light as of a world in bloom
The portal of the House of Fame illume
  The ways of life wherein we toiling tread,
And watched the darkness as a brand consume.

And through the gates where rule the deathless dead
The sound of a new singer's soul was shed
  That sang among his kinsfolk, and a beam
Shot from the star on a new ruler's head.

A new star lighting the Lethean stream,
A new song mixed into the song supreme
Made of all souls of singers and their might,
That makes of life and time and death a dream.

Thy star, thy song, o soul that in our sight
Wast as a sun that made for man's delight
Flowers and all fruits in season, being so near
The sun-god's face, our god that gives us light.

To him of all gods that we love or fear
Thou among all men by thy name wast dear,
Dear to the god that gives us spirit of song
To bind and burn all hearts of men that hear.

The god that makes men's words too sweet and strong
For life or time or death to do them wrong,
Who sealed with his thy spirit for a sign
And filled it with his breath thy whole life long.

Who made thy moist lips fiery with new wine
Pressed from the grapes of song the sovereign vine,
And with all love of all things loveliest
Gave thy soul power to make them more divine.

That thou might'st breathe upon the breathless rest
Of marble, till the brows and lips and breast
Felt fall from off them as a cancelled curse
That speechless sleep wherewith they lived opprest.

Who gave thee strength and heat of spirit to pierce
All clouds of form and colour that disperse
And leave the spirit of beauty to remould
In types of clean chryselephantine verse.

Who gave thee words more golden than fine gold
To carve in shapes more glorious than of old
And build thy songs up in the sight of time
As statues set in godhead manifold :

In sight and scorn of temporal change and clime
That meet the sun rerisen with refluent rhyme
As god to god might answer face to face
From lips whereon the morning strikes sublime.

Dear to the god, our god who gave thee place
Among the chosen of days, the royal race,
The lords of light, whose eyes of old and ears
Saw even on earth and heard him for a space.

There are the souls of those once mortal years
That wrought with fire of joy and light of tears,
In words divine as deeds that grew thereof,
Such music as he swoons with love who hears.

There are the lives that lighten from above
Our under lives, the spheral souls that move
Through the ancient heaven of song-illumined air
Whence we that hear them singing die with love.

There all the crowned Hellenic heads, and there
The old gods who made men godlike as they were,
The lyric lips wherefrom all songs take fire,
Live eyes, and light of Apollonian hair.

There round the sovereign passion of that lyre
Which the stars hear and tremble with desire,
The ninefold light Pierian is made one
That here we see divided, and aspire,

Seeing, after this or that crown to be won;
But where they hear the singing of the sun
All form, all sound, all colour and all thought
Are as one body and soul in unison.

There the song sung shines as a picture wrought,
The painted mouths sing that on earth say nought,
The carven limbs have sense of blood and growth
And large-eyed life that seeks nor lacks not aught.

There all the music of thy living mouth
Lives, and all loves wrought of thine hand in youth
And bound about the breasts and brows with gold
And coloured pale or dusk from north or south.

Fair living things made to thy will of old,
Born of thy lips, no births of mortal mould,
That in the world of song about thee wait
Where thought and truth are one and manifold.

Within the graven lintels of the gate
That here divides our vision and our fate,
   The dreams we walk in and the truths of sleep,
All sense and spirit have life inseparate.

There what one thinks, is his to grasp and keep;
There are no dreams, but very joys to reap,
   No foiled desires that die before delight,
No fears to see across our joys and weep.

There hast thou all thy will of thought and sight,
All hope for harvest, and all heaven for flight;
   The sunrise of whose golden-mouthed glad head
To paler songless ghosts was heat and light.

Here where the sunset of our year is red
Men think of thee as of the summer dead,
   Gone forth before the snows, before thy day,
With unshod feet, with brows unchapleted.

Couldst thou not wait till age had wound, they say,
Round those wreathed brows his soft white blossoms? Nay,
   Why shouldst thou vex thy soul with this harsh air,
Thy bright-winged soul, once free to take its way?

Nor for men's reverence hadst thou need to wear
The holy flower of grey time-hallowed hair;
   Nor were it fit that aught of thee grew old,
Fair lover all thy days of all things fair.

And hear we not thy words of molten gold
Singing? or is their light and heat acold
Whereat men warmed their spirits? Nay, for all
These yet are with us, ours to hear and hold.

The lovely laughter, the clear tears, the call
Of love to love on ways where shadows fall,
Through doors of dim division and disguise,
And music made of doubts unmusical;

The love that caught strange light from death's own eyes,
And filled death's lips with fiery words and sighs,
And half asleep let feed from veins of his
Her close red warm snake's mouth, Egyptian-wise;

And that great night of love more strange than this,
When she that made the whole world's bale and bliss
Made king of the whole world's desire a slave,
And killed him in mid kingdom with a kiss;

Veiled loves that shifted shapes and shafts, and gave,
Laughing, strange gifts to hands that durst not crave,
Flowers double-blossomed, fruits of scent and hue
Sweet as the bride-bed, stranger than the grave;

All joys and wonders of old lives and new
That ever in love's shine or shadow grew,
And all the grief whereof he dreams and grieves,
And all sweet roots fed on his light and dew;

All these through thee our spirit of sense perceives,
As threads in the unseen woof thy music weaves,
Birds caught and snared that fill our ears with thee,
Bay-blossoms in thy wreath of brow-bound leaves.

Mixed with the masque of death's old comedy
Though thou too pass, have here our flowers, that we
For all the flowers thou gav'st upon thee shed,
And pass not crownless to Persephone.

Blue lotus-blooms and white and rosy-red
We wind with poppies for thy silent head,
And on this margin of the sundering sea
Leave thy sweet light to rise upon the dead.

SWINBURNE.

ODE

Quelle fleur, ô mort, quel joyau, quel chant,
Quel vent, quel rayon de soleil couchant,
Sur ton front penché, sur ta main avide,
Sur l'âpre pâleur de ta lèvre aride,
        Vibre encore et luit?
Ton sein est sans lait, ton oreille est vide,
        Ton œil fait de nuit.

Ta bouche est sans souffle et ton front sans ride;
Mais l'éclair voilé d'une flamme humide,
Flamme éclose au cœur d'un ciel pluvieux,
Rallume ta lèvre et remplit tes yeux
        De lueurs d'opale;
Ta bouche est vermeille et ton front joyeux,
        O toi qui fus pâle.

Comme aux jours divins la mère des dieux,
Reine au sein fécond, au corps radieux,
Tu surgis au bord de la tombe amère;

Tu nous apparais, ô Mort, vierge et mère,
Effroi des humains,
Le divin laurier sur la tête altière
Et la lyre aux mains.

Nous reconnaissons, courbés sur la terre,
Que c'est la splendeur de ta face austère
Qui dore la nuit de nos longs malheurs;
Que la vie ailée aux mille couleurs,
Dont tu n'es que l'âme,
Refait par tes mains les cieux et les fleurs,
La rose et la femme.

Lune constante! astre ami des douleurs
Qui luis à travers la brume des pleurs!
Quelle flamme au fond de ta clarté molle
Éclate et rougit, nouvelle auréole,
Ton doux front voilé?
Quelle étoile, ouvrant ses ailes, s'envole
Du ciel étoilé?

Pleurant ce rayon de jour qu'on lui vole,
L'homme exècre en vain la mort triste et folle;
Mais l'astre qui fut à nos yeux si beau
Là-haut, loin d'ici, dans un ciel nouveau
Plein d'autres étoiles,
Se lève, et pour lui la nuit du tombeau
Entr'ouvre ses voiles.

L'âme est dans le corps comme un jeune oiseau
Dont l'aile s'agite au bord du berceau ;
La mort, déliant cette aile inquiète,
Quand nous écoutons la bouche muette
    Qui nous dit adieu,
Fait de l'homme infime et sombre un poëte,
    Du poëte un dieu.

SWINBURNE.

SONNET

Pour mettre une couronne au front d'une chanson,
Il semblait qu'en passant son pied semât des roses,
Et que sa main cueillît comme des fleurs écloses
Les étoiles au fond du ciel en floraison.

Sa parole de marbre et d'or avait le son
Des clairons de l'été chassant les jours moroses;
Comme en Thrace Apollon banni des grands cieux roses,
Il regardait du cœur l'Olympe, sa maison.

Le soleil fut pour lui le soleil du vieux monde,
Et son œil recherchait dans les flots embrasés
Le sillon immortel d'où s'élança sur l'onde

Vénus, que la mer molle enivrait de baisers;
Enfin, Dieu ressaisi de sa splendeur première,
Il trône, et son sépulcre est bâti de lumière.

SWINBURNE.

IN OBITUM THEOPHILI

POETÆ CLARISSIMI

O lux Pieridum et laurigeri deliciæ dei,
Vox leni Zephyro lenior, ut veris amans novi
Tollit floridulis implicitum primitiis caput,
Ten' ergo abripuit non rediturum, ut redeunt novo
Flores vere novi, te quoque mors irrevocabilem?
Cur vatem neque te Musa parens, te neque Gratiæ,
Nec servare sibi te potuit fidum animi Venus?
Quæ nunc ipsa magis vel puero te Cinyreïo,
Te desiderium et flebilibus lumen amoribus
Amissum queritur, sanguineis fusa comam gaenis.
Tantis tu lacrymis digne, comes dulcis Apollini,
Carum nomen eris dîs superis atque sodalibus
Nobis, quîs eadem quæ tibi vivo patuit via
Non æquis patet, at te sequimur passibus haud tuis,
At mœsto cinerem carmine non illacrymabilem
Tristesque exuvias floribus ac fletibus integris
Unà contegimus, nec citharâ nec sine tibiâ,
Votoque unanimæ vocis Ave dicimus et Vale.

SWINBURNE

ΕΠΙΓΡΑΜΜΑΤΑ ΕΠΙΤΥΜΒΙΔΙΑ

ΕΙΣ ΘΕΟΦΙΛΟΝ.

I.

Πᾶσι θεοῖς πάντως δὲ θεῷ φίλον ἄνδρα Λυκείῳ
ὡς νέον ὄντ' ἐτύμως ὠνόμασαν Χάριτες.

II.

Ἐνθάδε πιερίοισι κόμην στεφάνοισιν ἑλιχθεὶς
τύμβον ἄκαιρον ἔχων οὔνομ' ἄθαπτον ἔχει,
οὔνομ' ἄθικτον ἀεὶ θανάτου καὶ ἀτρύμονα τιμὴν
ἡδυεπὴς Μούσαις ἡδυθρόοις θεράπων.
Ἣν ποτ' ἐπωνυμίας χάριν εἶχε θεῷ φίλος ἐν γῇ
τήνδε θανὼν ἔτ' ἔχει νέρτερος ἐν φθιμένοις,
Περσεφόνῃ τ' Ἀΐδῃ τε θεῷ φίλος · Οὐδὲ γὰρ ἄλλων
οὔτις ἀοιδοπόλων τοῦδ' ὑπέρεσχε μέλει,
οὐδὲ λύρᾳ συνέπλεξε λόγους ἡδίονι ῥυθμῷ
τερψίνοον τερπνῶς Κύπριν ἐπᾳσόμενος.

Ἡ μὲν Καλλιόπης ἄρ' ἔφυ γένος, ἡ δ' Ἀφροδίτης,
  τοῖον ὃς ὑμνοθέτων αὐλὸν ἔκρεξε νόμοις.
Εἰ δ' ἔτι τοῖς εὕδουσι πανύστατον ἐν χθονὸς ὄρφνῃ
  ὕπνον ἔνεστι φίλων ἢ πόθος ἤ τι χαρᾶς,
τῷδ' ἐπιβάλλοντες χαροπώτερον ὄμματος ἀκμὴν
  οἱ πάλαι ἐκ Μουσῶν στέμματα δεξάμενοι
ὕμνον ἐπᾴσονται ξένιον σύμπαντες ἀοιδοί
  καὶ προσεροῦσι πέδου πρόξενον Ἠλυσίου·
Χαίρειν αὐτομάτη δ' ὄπι μειδήσασα κελεύσει
  Περσεφόνη Μούσαις μουσοπόλοις τε φίλη.

III.

Κλῦθι γόων, Κυθέρεια, φιλομμειδής περ, ἀοιδοῦ
  οἰχομένου, σὺ δ' Ἔρως αἴλινον εἰπὲ θεός.
Παντοδάπων γὰρ ἰδὼν μορφὴν ἐφίλωσεν Ἐρώτων,
  πάντας ἐπιστάμενος, πᾶσι δ' ἔκρουσε χέλυν,
πᾶσι δ' ἐπισπείσας γλύκυν οἶνον ἔλειφεν ἀοιδῆς,
  πᾶσι συναρμόζων ποικιλόγηρυν ὄπα,
Κύπριδος ἐκ θιάσων ἵνα μή τι ποθεινὸν ἀπείη.
  Οὐδ' ἔτ' ἄπεστι · Θανὼν γὰρ φίλος ἐστὶ θεᾷ.
Παῖδα δ' ἔθ' ἡμιγύναικα θεᾶς ἐσέβιζε καὶ Ἑρμοῦ,
  ἀμφιθαλεῖς πλοκάμων ἀμφιβαλὼν στεφάνους.
Πάντα δ' ἐφ' ἱμερόεντα μέλη λίπ' ἔχρισεν ἐλαίῳ
  ἡδυπνόῳ, διδύμοις δισσὸν Ἔρωσι γάνος
ἡμιθέῳ διφύεντι διπλῆν χάριν Ἑρμαφροδίτῳ
  παρθενόχρωτος ἐρῶν εἰκονος ἀμφιλλόγου.

IV.

Κλαίετε πρὸς βήσσαισι καὶ οὔρεσι, κλαίετε νύμφαι,
πιστὸν ἐφυμνοῦσαι πασίφιλόν τε θεοῖς,
ὅς νῦν παννυχίαν θανάτου δὴ τέρψιν ἰαύων
κοῖτον ἄνυμφον ἔχει γῆς ὑπὸ παιδόβορου.
Ταύταις δ' ὦ χάριτες συγκλαίετε · Τίς γὰρ ἔτ' ὄντων
τοῖος ἐν ὑμετέροις κύκνος ἐπῆδε χόροις;
ἐκ δὲ τάφου θάλλοι ῥόδα ποίκιλα μουσοφιλήτου
λείρια δ' ἐκθρώσκοι, πᾶν δ' ἐφύπερθε κρίνον,
λευκόϊόν τε καλὸν σὺν ἴοισι μελάνθεσι βλάστοι.
Καὶ πολὺς οἰνοτρόφων βόστρυχος ἀμπελίδων
καὶ γλυκὺν ἡμερίδος κλάδον οἰνάνθην τε τέρειναν
γαῖα τρέφοι, μύρτου δ' ἔρνεα κυπρογενοῦς,
Φοίβου θ' ὑψίκομον δάφνην, κισσοῦ τε κορύμβους,
πάντα θ' ὅσ' ὑμποθέταις ἄνθιμα δῶρα πρέπει.

V.

Ὦ θεῷ φιλ' Ἀπόλλωνι, θεῶν φίλτατε φιλτάτῳ,
πειθοῦς ἱμεροέσσας τέκνον, ἦ σ' Εὐφροσύνης φράσω;
καρδίας γε πεδήσας ἐπέων χρυσοδέτων πέδαις
ἄλλων, σὴν δὲ κόμην Πιερίδων δησάμενος πλόκοις,
νῦν δὴ παυόμενος τερπνοτάτης ἐν βιότῳ λύρας
εὔδιος, ἀμβροσίαν ἡμὶν ἀεὶ μνημοσύνην λιπών.

SWINBURNE.

IN MEMORIAM

O poëte amoureux des formes lumineuses,
O Maître, si j'avais en ce siècle bourgeois
A bâtir pour ta cendre un tombeau de mon choix,
Tu ne dormirais pas dans nos villes haineuses.

Ta tombe fleurirait aux pentes gazonneuses
Des forêts de l'Ardenne, où Shakspeare autrefois,
Sous la voûte sonore et verte des grands bois,
Faisait rire et chanter de blanches promeneuses.

Rosalinde y viendrait; Jacque, assis au revers
Du monument semé d'anémones pâlies,
Exhalerait sa verve et ses mélancolies;

Et doucement, l'air bleu, le soleil, les beaux vers,
Traversant l'épaisseur de la ramure altière,
Iraient vers toi, qui fus chant, couleur et lumière.

ANDRÉ THEURIET.

A THÉOPHILE GAUTIER

Toi qu'on disait l'artiste ardent mais l'homme tiède,
Le rimeur égoïste et sourd à tous nos cris,
Le jour où l'Allemagne assiégea ce Paris
Haï des nations parce qu'il les précède,

Quand, sachant que Paris difficilement cède
Et que, criblé, haché, broyé sous les débris,
Les obus n'obtiendraient de lui que son mépris,
L'Allemagne appela la famine à son aide,

Quand plusieurs étaient pris du goût de voyager,
Toi qui dans ce moment étais à l'étranger,
Chez des amis, avec une fille chérie,

Dans un libre pays, au bord d'un lac divin,
Pouvant vivre tranquille et manger à ta faim,
Tu choisis de venir mourir pour la Patrie.

AUGUSTE VACQUERIE

THÉOPHILE GAUTIER

Comme un roi d'Orient, grave, dès le matin
De son avénement songe à la sépulture,
Et fait, par des milliers de sujets qu'il torture,
Dresser dans l'air torride un monument hautain,

Le poëte, artisan d'un plus royal destin,
Dès l'aube s'assurant contre la nuit future,
Longtemps dompta le rhythme; et sa volonté dure
Ploya les mots ainsi qu'un grand peuple mutin.

Maintenant que ses yeux sont clos à la lumière,
Son âme a retrouvé la fête coutumière
Des midis aveuglants et du grand jour vermeil;

Échappée aux caveaux où pleure l'ombre humide,
Elle habite à jamais son œuvre, Pyramide
Blanche parmi l'azur inondé de soleil.

LÉON VALADE

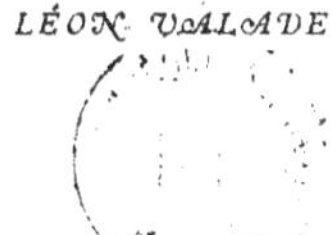

A THÉOPHILE GAUTIER

S'il est, par delà le tombeau,
Une pelouse diaprée
Où les morts amoureux du Beau
Devisent, sur l'herbe empourprée;

Si l'esprit qui tint le flambeau
De l'inspiration sacrée
Conserve en ces lieux un lambeau
De sa science vénérée;

Des maîtres du rhythme puissant,
De la cadence et de l'accent,
Dont le front conquit l'auréole,

Théophile, c'est ta parole
Qui se fait le mieux écouter
Sur l'art de peindre et de chanter.

VALERY VERNIER.

TABLE

www.ingramcontent.com/pod-product-compliance
Lightning Source LLC
LaVergne TN
LVHW010605110826
845149LV00003B/783